Impressum:

1. Auflage

egoth - Egon Theiner Verlag
1070 Wien · Kaiserstraße 14/7
www.egoth.at

ISBN: 978-3-902480-48-4

Lektorat:
Ursula Polster

Grafische Gestaltung und Satz:
Clemens Toscani · Klosterneuburg · www.eighty3.org

Coverillustration:
Klaus Wagger

Photos:
Archiv Helmut Zwickl, Archiv Erich Walitsch, F1 Studio Glöckner, Ing. Alois Rottensteiner, Kurt Molzer, Frischauf GmbH, Charlie White, Felix Muls, Bernard Cahier, F. Kräling Motorsport-Bild GmbH, Schlegelmilch Photography

Trotz intensiver Rechercehn konnten nicht bei allen Bildern die Rechtegeber ermittelt werden. Der Verlag bittet Personen oder Institutionen, welche die Rechte an diesen Photos haben, sich zwecks eienr angemessenen Vergütung zu melden.

Druck:
CPI Moravia · Korneuburg / Pohorelice

Gesamtherstellung:
egoth - Egon Theiner Verlag · Wien

Helmut Zwickl

Die wilden Jahre der Formel 1

Egon Theiner Verlag

Für meine Frau Irene und meine Kinder Monika, Jenny und Alexander, die ich in so vielen Jahren so oft allein gelassen habe, weil ich der «Eroberung des Sinnlosen» nachgerannt bin.

Inhaltsverzeichnis

Sir Stirling Moss und Lady Susie Moss

000

Vorwort

Er ist ein bemerkenswerter Mann, und nicht die letzte von Helmut Zwickls vielen Tugenden ist der Charme. Nur mit dieser konnte er mich dazu bringen, das Vorwort für sein Buch zu verfassen. Einst war ich ein einigermaßen talentierter Fahrer, der das Racing liebte; ich war nicht einmal ein durchschnittlicher Schreiber, und dies zu tun bereitet mir nicht einmal den Ansatz von Freude.

Doch wie könnte ich absagen? Helmuts Freundschaft bedeutet mir unheimlich viel. In Wahrheit ist es eine Ehre, gefragt geworden zu sein ein Teil dieses Buches zu werden. Er ist ein begabter Schriftsteller mit großer Leidenschaft und tiefem Verständnis für die Formel 1. Über Jahre hinweg war er ein Teil der Formel 1-Szene. In jener Zeit hat er die enormen Veränderungen, die vor sich gingen, miterlebt, hat jene besonderen Persönlichkeiten, die unseren Sport groß gemacht haben, näher kennen gelernt, hat mit Interesse die außergewöhnliche und komplexe Politik mitverfolgt, die aus einem fabelhaften und dynamischen Sport ein Business gemacht hat, das Milliarden wert ist. Es ist immer noch die größte Show

Stirling Moss Limited

A quite remarkable man, not the least of Helmut Zwickl's many attributes is that he is charm personified. I can think of no other way he managed to talk me into writing this foreword for him! I was once a quite talented driver who loved racing; I have never been an even moderate writer and I don't like doing it one bit!

But how could I refuse? Helmut's friendship means an awful lot to me and, in truth, it is an honour to be asked to be part of this book. He is a gifted writer with a passion for, and an in depth understanding of, Formula One. For years, he has been an integral part of the F1 paddock and in that time, he has experienced the vast changes that have taken place, known closely the very special personalities that make up our Sport and has watched with interest the extraordinary and complex politics as a fabulous and dynamic sport has evolved into a business worth billions. It is still the Greatest Show on Earth but over the decades covered in the book, a very different one.

As I have already indicated, times have changed an awful lot in motor racing and I can't help feeling that Helmut is really better suited to my era. Back then racing was, first of all, fun and it was dangerous. I suppose when you are eighteen years old, that's a jolly good reason for taking part, or at least it was for me. There was not much money but it was a romantic and exciting life with plenty of glamour and beauty to keep it interesting. And a young man very happy! In my day, Fangio was the best driver there had ever been ~ and for me, that still holds true today. I remember him not as just a great racing driver but as a true gentleman and a friend.

In my career, I never drove a racing car with a seat belt, neither was I forced to wear special fire proof overalls, endure a heavy, unattractive helmet or accept rules that didn't allow you to pass when they hung out a yellow flag. If you had the guts, this is when you kept driving flat out until you saw the accident, then took the necessary avoiding action!

I am sure that modern cars are no easier to drive than ours were. However, current technology has altered where the driver's skills are required; and not always to his benefit. To my mind, many of the advances have limited the possibilities for the driver to demonstrate his superiority or potential.

At the time of writing this, we have a new star on the horizon. Lewis Hamilton. He has old fashioned integrity, a gentle personality, a genuinely competitive spirit, fantastic driving qualities and is a true racer. Everything in a driver that Helmut would respect and admire. Perhaps this young man will the subject of his next book?

Until then though, I hope you will immerse yourself in this work in which Helmut will bring to life for you some of the fascinating people, and times, in the history of Formula One.

Sir Stirling Moss, OBE

auf Erden, doch über die Jahrzehnte, die in diesem Buch beschrieben werden – nun ja, eben eine andere.

Wie ich bereits hinwies: die Zeiten haben sich unglaublich geändert im Motorsport, und von meinem Gefühl her glaube ich, dass Helmut in meiner Zeit besser aufgehoben war. Damals war Racing hauptsächlich ein Spaß, und es war gefährlich. Wenn Du 18 Jahre alt bist, nehme ich mal an, sind das tatsächlich gute Gründe, um mit dabei zu sein. Jedenfalls galt dies für mich! Damals ging es nicht so sehr um ökonomische Aspekte, aber es war ein romantisches und aufregendes Leben, mit Glanz und Glamour. Ein junger Mann hatte da seinen Spaß! Zu meiner Zeit war Fangio der beste Fahrer, den es je gegeben hat – und für mich gilt dies auch noch heute. Ich erinnere mich an ihn nicht nur als tatsächlich großen Rennfahrer, sondern auch als echten Gentleman und Freund.

Im Laufe meiner Karriere fuhr ich nie einen Rennwagen mit einem Sicherheitsgurt, auch war ich nie gezwungen, einen speziellen feuerfesten Overall zu tragen oder einen schweren, unattraktiven Helm aufzusetzen oder Regeln anzuerkennen, die es nicht erlaubten zu überholen, wenn die gelbe Flagge gezeigt wurde. Wenn du Mumm hattest, dann waren gelbe Flaggen nur das Zeichen, normal weiterzufahren, und wenn man den Unfall sah, setzte man die notwendigen Aktionen!

Ich bin sicher, dass es in der heutigen, modernen Ära nicht leichter ist, Rennen zu fahren, als es damals in der unseren war. Die aktuellen Technologien haben indes die Anforderungen an die Piloten und deren Fertigkeiten verändert – und nicht immer zu deren Vorteilen. Für meine Begriffe haben viele Entwicklungen die Möglichkeiten für einen Fahrer eingeschränkt, seine Überlegenheit oder sein Potenzial unter Beweis zu stellen.

Während ich diese Zeilen schreibe, sehen wir einen neuen Star am Horizont. Lewis Hamilton. Er hat altmodische Integrität, ist eine liebenswürdige Persönlichkeit, hat echten streitbaren Geist, fantastische fahrerische Qualitäten, ist ein tatsächlicher Rennfahrer. Er hat all das von einem Racer, was Helmut respektieren und bewundern würde. Vielleicht ist dieser junge Mann das Thema von seinem nächsten Buch?

Bis dahin, jedenfalls, hoffe ich, dass Sie in dieses vorliegende Werk eintauchen werden, in dem Helmut einige faszinierende Persönlichkeiten vergangener Tage zum Leben erweckt und über eine bezaubernde Zeit in der Historie der Formel 1 schreibt.

Motorsportfreund, F1-Experte, Ennstal-Classic-Organisator: Helmut Zwickl (r.)

00

Prolog

Woran ich mich erinnere, wenn ich nach über 560 Formel 1-Grand Prix einen Blick in den Rückspiegel werfe?

An meinen ersten Monaco Grand Prix, 1963, wohin ich Jochen Rindt und Curd Barry zum Formel Junior-Rennen begleitete. Wir fälschten unsere Armbinden derart, dass sie auf den ersten Blick wie die Mechaniker-Schleifen aussahen, die einem den Zutritt zum Formel 1 Grand Prix ermöglichten. In meinem Jugendirrsinn kniete ich mich in der Tabak-Kurve hinter einen Steinsockel (den es heute noch gibt, verbaut von einer Tribüne) und fotografierte mit der Contax meines Vaters die Formel 1 Autos, die einen Meter von mir entfernt, vorbeidrifteten. Irgendwann hat mich die Polizei entdeckt und man hat mich mit der Milde, die einem Selbstmörder zusteht, abtransportiert.
Ich denke, wenn ich Business-Class nach Australien fliege, an Le Mans 1965, wo wir tagelang im Auto geschlafen haben, uns von mitgebrachten Schmalz-

fleisch-Konserven ernährt haben, und stundenlang bei der Pressechefin antichambrieren mussten, einer herrschsüchtigen alten Hexe, die in einer Kajüte am Dach der Tribüne ihr Unwesen trieb, und uns nur gnadenhalber zwei Pressekarten aushändigte.

Als aber Jochen Rindt damals zusammen mit Masten Gregory das 24 Stunden Rennen gewann, war das für die Heimat der Stoff aus dem die Storys sind.

Ich erinnere mich der jahrelangen Non-stop Nachtjagden von Wien aus zu den großen Rennen. Alois Rottensteiner, dieser geniale Wiener Fotograph und ich rasten mit schwachbrüstigen Autos von Wien nach Sizilien zur Targa Florio, nach Spa-Francorchamps, nach Monaco, nach Le Mans und Silverstone, nach Clermond Ferrand, Zandvoort und Monza. Einer saß am Lenkrad, der andere navigierte auf der Landkarte, oder versuchte zu schlafen. Wir wohnten nicht im Intercont oder Sheraton, sondern hatten ein Zelt im Kofferraum.

Mir fällt die Targa Florio 1965 ein, da schnauzte mich der damalige Porsche Rennleiter Huschke von Hanstein an: «Zwickl, sie kommen mir wie ein Spion vor»

Ich schlich nämlich ständig bei Porsche herum und versuchte ihm zu erklären, dass ich meine eigenen Ansichten über Motorsport-Berichterstattung habe. Ich würde mich nicht gerne auf der Pressetribüne kasernieren lassen und die Szene mit den Unschärfen eines Feldstechers beobachten wollen, sondern war in meinem jugendlichen Überschwang überzeugt, man müsse eher zum Mikroskop greifen, um mit den alten Märchenbüchern des Motorsports aufzuräumen.

Porsches damaliger Versuchschef Ferdinand Piech schaltete sich mit den Worten ein, «ist schon gut Herr von Hanstein, der Herr Zwickl darf bei uns bleiben, er kann sich überall frei bewegen ...»

Ich denke an den traurigsten Tag meiner Reporter-Laufbahn, der am Abend in einem Spaghetti-Beisel in Monza zu Ende ging. Stunden vorher war Jochen Rindt verunglückt. Wir waren tief betroffen, aufgewühlt, sprachlos und völlig fertig, es war wie in einem Albtraum, aus dem wir zu Erwachen hofften.

Aber es gab kein Erwachen. Jochens Worte, die er zwei Monate vor Monza, in Clermond Ferrand, Colin Chapman und dessen Stab ins Gesicht geschleudert hatte, wollten uns nicht aus dem Sinn: «Wenn meine Lenkung noch einmal bricht, und ich überleb` das, bring ich euch alle um ...»

Ich erinnere mich an die Nacht, in der wir vom Nürburgring heimfuhren und Niki Lauda in der Mannheimer Klinik mit dem Tod rang. Wenn er stirbt, schwor ich mir damals, höre ich auf. Als er Wochen später wieder in seinem Haus in Hof bei Salzburg war, durfte ich ihn besuchen. Ich ging durch den Garten, plötzlich trat eine Gestalt aus dem Gebüsch, bandagiert und verkrustet. Meine Schrecksekunde muss etwas zu lang gewesen sein, denn eine Stimme fragte: «Kennst mich nimmer?»

Ich erinnere mich, wie mich Fangio in einem Mercedes um den alten Nürburgring chauffiert hat, und ich mit Niki Lauda in seiner Cessna Citation in mehreren Etappen mit zwei Nachtstopps von Salzburg über Grönland nach Long Beach gedüst bin, Gesamtflugzeit 23 Stunden.
Niki gab in einem ungeheuer turbulenten Anflug auf den grönländischen Flugplatz Nassasuarq, das Steuer an den Helmut Kahr ab, weil dieser mehr Flug-Erfahrung hatte: «Wenn ich mir bei der Landung einen Reifen zerfetze, versäume ich den Long Beach-Grand Prix ...»
Seine Logik war immer sein größtes Plus.
Ich erinnere mich, wie ich Senna in einem kleinen zweimotorigen Flugzeug von Wien nach Bologna pilotiert hatte, und erinnere mich, wie alles begonnen hat.
1960, als ich meine ersten Artikel über den Motorsport zu schreiben begann, wagte ich den berühmten, bereits zur Weltklasse der Grand Prix-Piloten avancierten Graf Trips mit einem Brief-Interview «anzufallen.» Die genaue Adresse wusste ich nicht; Burg Hemmersbach-Horrem reichte offenbar. Schon nach kurzer Zeit kam ein Brief mit seinen Antworten. Der Graf hatte sie selber auf seiner Schreibmaschine getippt. Burg Hemmersbach, den 4.8.1960, Post Horrem, Bez.Köln, hatte er als Briefkopf neben seinen Namen geschrieben.
Ich war freudig erregt.
Er beantwortete alle Fragen präzise, klar und kompetent. Nun hatte ich meine Story und war glücklich. Der Wiener «Austro Motor», der monatlich erschien und so aktuell war wie der Hundertjährige Kalender, druckte sie ab. Irgendwann bekam ich ein Honorar: 40 Schilling.
13 Monate später war mein Idol tot.
Ich glaube nicht, dass einer der Top-Piloten von heute auf die Fragen eines unbekannten Briefschreibers überhaupt reagieren würde, allein schon, weil sich der «Dienstweg» geändert hat. Es gibt keine Privatadressen. Schreibt man ans Team, wird der Brief in den Mühlen der «Communication» Abteilungen absorbiert.
Abgesehen davon, dass kritische Fragen ohnehin nicht beantwortet werden, würden die Anfragen eines Reporters, der keine auflagenstarke Zeitung im Rücken hat, im Papierkorb landen.
Um auf Graf Trips zurückzukommen.
Er war ein besonderer Mensch, eine Ausnahmeerscheinung, er stand am Ende der sogenannten «Herren-Fahrer» Epoche.
In meinem ersten Buch «Die Angst bleibt an den Boxen», das 1967 erschien, titelte ich das Vorwort «Die neue Rasse».
«Die von früher gibt es nicht mehr. Sie sind alle tot oder sie haben den Autorennsport aufgegeben. Man hat sie immer wieder mit Rittern und ihren Sport

mit Ritterspielen verglichen. Der Akzent lag immer noch auf Spiel. Über den Grand Prix Rennen schwebte der Gedanke, der olympische Gedanke des «Sich - Messen - Wollens».»
Und weiter schrieb ich: «Jimmy Clark, John Surtees, Dan Gurney, Dennis Hulme, Jochen Rindt, Mario Andretti und A.J.Foyt, sie alle degenerierten im Pulverdampf der Autorennen am Steuer der laufend stärker, leichter, raffinierter, funktioneller und daher schneller werdenden Rennwagen zu Übermenschen. Die neue Rasse entwickelte sich völlig einseitig. Sie bezahlte ja die Perfektion mit einer Entartung: Sie kennt nur ihren Sport, Rennen, Rennen, Rennen. Ein Höllenrhythmus, aus dessen Narkose sie erst erwacht, wenn er unterbrochen wird. Dann reagiert sie verschieden: Einer wird rennmüde wie Jochen Rindt, oder gereizt und fast krank von der Leere, die ihn plötzlich umgibt, wie Mario Andretti.»
Alles was ich 1967 aufgezeigt hatte, gilt im Prinzip auch heute noch, bloß hat die «Entartung» noch viel strengere Züge angenommen.
Die Formel 1 hat sich in den letzten drei Jahrzehnten mehr verändert, als zwischen dem ersten Grand Prix im Jahre 1906 und den Siebzigerjahren.
Die Gelddruckmaschine, durch die Wechselwirkung zwischen TV und Sponsoren in Rotation gehalten, kreierte ein System, geprägt von Gnadenlosigkeit, und Feindbilder ohne Transparenz. Und die Rennfahrer wurden die Ausgeburten dieses Systems.
Rennfahrer werden gezüchtet, «wie Austern» hat Willi Weber einmal gesagt. Die Jungs die heute hochkommen, haben keine Schulbildung, keine Erziehung, plötzlich befinden sich die Kids in der Hand eines Managers und damit im «System», das auf Leistung = Geld, Konkurrenzdenken und Maulkorberlässe aufgebaut ist. Das System vereinnahmt sie, wer oben in diesen Fleischwolf naturbelassen reingepresst wird, kommt unten systemgeschädigt raus.
Ich habe unmittelbar nach einem Monaco-Grand Prix im Fahrerlager Michael Schumacher gesucht und in einem VIP-Zelt gefunden. Ich wagte zu fragen: «Was war der Grund deines Ausscheidens?»
Mit zwei Wörtern hätte er meine Anfrage erledigen können, statt dessen begann er zu dozieren:
«Ich habe mich dazu schon geäußert, du siehst doch, ich sitz' jetzt hier bei einem Bierchen, irgendwann will man doch auch seine Ruhe haben ...»
Oh Gott, oh Gott, dachte ich, und drehte mich mit dem Götzzitat auf den Lippen um.
Über welche Clowns müssen wir heute schreiben? Diese Frage habe ich mir in den letzten Jahren immer häufiger gestellt.
Mir gingen blitzschnell meine Jahre mit Rindt, Graham Hill, Clark, Brabham, Fittipaldi, Surtees, Andretti, Reutemann, Stewart, Lauda, Prost, Mansell,

Berger, Piquet bis Senna durch den Kopf; wir haben sie alle als Götter ins Geschichtsbuch der Formel 1 geschrieben, aber sie hatten offenbar begriffen, wem sie ihren Reichtum verdanken.
Und wenn Sir Stirling Moss zu unserer Ennstal-Classic kommt, so ist das ein Star, den man noch im hohen Alter mit Begeisterung umarmen muss.
Wir schreiben heute nicht mehr über Racing, über diesen herrlichen Sport im Grenzbereich, sondern nur noch über Politik und Wirtschaft. Die Formel 1 ist ein Wirtschafts-Krimi geworden.
Früher haben uns die Piloten Einblicke gegeben in den Grenzbereich, und wir versuchten ihr Leben am Limit an unsere Leser weiterzugeben, wenn Niki Lauda von der «Chaosrunde» in Monaco sprach und Jackie Stewart den Nürburgring «als grüne Hölle» beschrieb, Ayrton Senna den Satz «man muss ein gewisses Tempo auch geistig durchhalten» von sich gab.
Heute unterliegen die lächerlichsten Dinge der Geheimhaltung, und die geläufigste Sprechblase ist «ich möchte nicht ins Detail gehen ...»
Die heutige Fahrer-Generation ist sprachlos. Warum fragen wir Kimi Räikkönen überhaupt noch was, wenn er ohnehin immer nur «I dont know» von sich gibt?
Kaum einer, der etwas Faszinierendes rüberbringt, die Pressekonferenzen wurden zu einem verkrampften Frage- und Antwortbrei, austauschbar zwischen Melbourne und Interlagos.
Die heutigen Stars sind die Teamchefs. Sie haben ihre Piloten mundtot gemacht. Dabei waren die Piloten nie zuvor weltweit in den Medien so stark präsent wie heute. Doch was sie von sich geben sind zensurierte Sprechblasen.
Das Gespräch auf der Boxenmauer, das schnelle Foto im Vorbeigehen, gibt es alles nicht mehr.
In den 50er Jahren hat Alberto Ascari nach einem Monza-Grand Prix das Dutzend Reporter, mehr waren es nicht, zum Abendessen eingeladen, wie sich der Mailänder Ingenieur Enrico Benzing erinnert, und «man hat sich aus erster Hand bei einem guten Essen über das Rennen informieren können»
Heute sitzen rund 400 Reporter im Medien-Center eines Grand Prix vor ihren Laptops und es ist schon klar, dass der News-Hunger dieser Armee nur noch durch vorgefertigte Einheitskost gestillt werden kann.
Die Medien-Sprecher der Teams leisten gute Arbeit, doch sie leiden selber an der begrenzten Verfügbarkeit und an dem Widerwillen ihrer Fahrer und so müssen sie sich bisweilen wie Mitarbeiter des Secret-Service vorkommen.
Die Boxen sind für Reporter Sperrzone geworden. Dafür dürfen die VIP mit Frau und Kind rein, man macht Fotos fürs Familienalbum. Es gehört zum Formel 1-Alltag, wenn viele der Reporter, die als Quereinsteiger in die Formel 1 gespült wurden, ihren Job ohne Tiefgang und Kompetenz erledigen. Von

ihren Chefs werden sie zu Storys vergewaltigt, die mit der Wirklichkeit nichts mehr zu tun haben. Und wo die Information fehlt, beginnt die Spekulation.
Das Internet schickt mit Lichtgeschwindigkeit die Welt der Formel 1 um die Welt, mit immer mehr Trivialitäten, Lügen und Spekulationen, mit denen oft gezielte Politik gemacht wird.
Die Formel 1 wird heute zu Tode reglementiert, sie ist steril wie ein Computerspiel geworden, und gerade der Overkill an TV-Berichterstattung führt periodenweise dazu, dass sich viele Fans von der «kleinen Welt der Zirkusaffen» (Zitat Niki Lauda) abwenden, wie Anhänger einer politischen Partei, die von der Parteiführung maßlos enttäuscht wurden.
Die wilden Jahre der Formel 1 sind vorbei.
Leider.
Denn dieser Sport war früher voller Abenteurertum und Pioniergeist und es waren die menschlichen Fehlleistungen die jahrzehntelang einen ganz speziellen Mythos aufrecht hielten.
Die wilden Jahre gingen zu Ende, als ein atemraubender Professionalismus Einzug hielt, die Budgets immer höher wurden, die Computerisierung das Bastlertum in die Steinzeit schickte, Drehkreuze das Fahrerlager absperrten, die Werke die Macht übernahmen und die FIA wie die EU bis in die kleinsten Details eingreift.
Andererseits - Gott sei Dank, dass diese wilden Jahre vorbei sind, denn sie sind mir wie Kriegsberichterstattung in Erinnerung, da es laufend Tote und Verletzte gab.
Ich erhebe den Ausspruch von Jackie Stewart für diese Zeit zu einem Schlüsselsatz. Jackie sagte: «Wir schießen Menschen zum Mond und bringen sie heil auf die Erde zurück. Aber ich frage mich: warum müssen Rennfahrer immer noch sterben?»
1994 wurde in der Formel 1 immer noch gestorben, wenn wir an Roland Ratzenberger und Ayrton Senna denken.
Heute ist die Formel 1 das Spiegelbild unserer globalisierten Welt: die Machtgeilheit steuert die Politik zur Erhaltung der Macht, die Formel 1 ist das Spielfeld für Risikokapital geworden, auf dem Spieltisch liegen heute Milliarden. Früher waren es Peanuts.
Kein Skandal konnte die Formel 1 nachhaltig beschädigen. Sie ist eine hervorragende Marketing-Plattform geworden, auf der jedoch nicht für alle Mitspieler die Kosten-Nutzen Rechnung aufgeht.
Fast hätte ich es vergessen: Nebenbei werden Rennen gefahren ...
Die großen Autowerke verfeuern Hunderte von Dollar-Millionen in diesem Wettrüsten und ihre Marketing- und Kommunikationsabteilungen tun sich weiterhin schwer zu begreifen, wie man Sympathien gewinnt, vor allem wenn

man nicht gewinnt. Würde man in der Formel 1 für Marketing und PR einen Oscar vergeben, hieße der Gewinner Red Bull.
Die wissen was beim Volk ankommt.
Die Formel 1 war und ist eine Arena von brillanten Menschen, wie man sie in dieser Konzentration nirgendwo findet.
Mit Bernie Ecclestone steht ein Mann einsam auf der Kommandobrücke der Formel 1, der in jedem Industrie-Imperium als Finanzchef eine Kultfigur abgeben würde, Adrian Newey würde die Aerodynamik bei EADS neu erfinden, ein Mario Illien hätte vielleicht anderswo schon den Motor erfunden, der mit Wasser läuft.

Und die Schumacher-Brüder würden in jeder Kfz-Werkstatt eine gute Figur machen.

Helmut Zwickl im Vorkriegs-Grand-Prix-Rennwagen von Mercedes Benz

1

Als Grinzing noch bei Dessau war ...

An den Anfang stelle ich die Fahrt in einem Mercedes Grand Prix Rennwagen des Jahres 1939. Nur dann lässt sich ermessen, was aus der Formel 1 geworden ist.

Als 14jähriger bekam ich 1953 ein Buch geschenkt, das mein weiteres Leben prägte: «Hinter dröhnenden Motoren – Bernd Rosemeyers Monteur erzählt» Für mich waren die Erzählungen von Ludwig Sebastian über die großen Rennen vor dem zweiten Weltkrieg eine Art Sagenbuch, und Rosemeyer und Caracciola meine Helden, so wie die Fußballer Walter Zeman und Ernst Ocwirk im Nachkriegs-Österreich.
Nie hätte ich gedacht, dass ich im Jahre 1998 den sagenhaften W154/11 Mercedes Grand Prix Rennwagen auf dem Flugplatz Niederöblarn selber fahren darf: Jenes Auto mit dem Rudolf Caracciola 1939 Rekorde fuhr, Hermann Lang auf der Wiener Höhenstraße siegte, und Juan Manuel Fangio 1951 in Buenos Aires Dritter wurde.
Natürlich regnete es. Und es war der Sonntag nach dem Sonntag des Regen-Grand Prix von Spa-Francorchamps, in dem die Formel 1 die größte Schrott-

presse aller Zeiten in Gang setzte - Michael Schumacher mit David Coulthard kollidiert war. Als ich im Führerstand dieses 60jährigen Rennwagens saß, gingen mir tausend Gedanken durch den Kopf.
Es war in Spa und es regnete, als der Brite Dick Seaman 1939 einen solchen W154 um einen Baum wickelte und 300 Liter Alkoholsprit hochgingen.
Klaus Seybold, der Technik-Guru der alten Silberpfeile, hatte für mich die Startprozedur in Gang gesetzt, zwölf 145er Warmlauf-Kerzen reingeschraubt, und den Kompressoren eine Sprit-Injektion gegeben.
Wenn diese zwölf Zylinder zünden, dann dringt etwas unverwechselbares an unser Ohr.
Ich hab` das sirenenhafte Heulen des ersten Formel 1-Honda gehört, den Glockenton der MV-August Vierzylinder von Agostini, den Porsche 917 mit 370 km/h auf der Mulsanne-Geraden vorbeiströmen sehen, die akustische Spannung des letzten Formel 1 Zwölfzylinder von Ferrari noch im Ohr, und auch die Achtzylinder-Generation der Formel 1 ist nicht gerade ein leises Säuseln.
Aber dieser Mercedes Zwölfzylinder aus dem Jahre 1939 ist ein Elementarereignis, wie ein Erdbeben, wie ein Vulkanausbruch.
Nach dem Warmlaufen - Stille. Langsam nehmen die Zuseher ihre Hände von den Ohren, niemand redet. Sie haben etwas erlebt, was sie noch nie erlebt haben.
Klaus Seybold bestimmt jetzt den Wärmewert der Kerzen. Je nach Strecke, je nach Wetter, je nach Fahrer.
«Unter 275er Kerzen wird nicht gefahren» bestimmt Klaus, während er die neuen Kerzen reinschraubt, «lieber absaufen, als ein Loch im Kolben.»
Pausenlos umschwirrt uns ein Schwarm von Wespen, angelockt vom süßlichen Methanolgeruch, der wie eine Glocke über dem Rennwagen steht.
Früher bestand die Mixtur aus 86% Methanol, 8% Azeton, 4% Nitrobenzol und 2% Benzin. Weil vor dem Krieg schon im Dunstkreis der Mercedes alle Augen tränten, vermutete die Konkurrenz sogar geheime Kampfstoffe. Es liegt am Azeton, glaubte man seinerzeit. Als man es wegließ tränten die Augen immer noch. Und Manfred von Brauchitsch offenbarte im hohen Alter: «Es ist für mich lächerlich, dass die Herren Rennfahrer heute nicht mehr überholen. Wir hingegen mussten überholen, wir konnten gar nicht hinter einem Vordermann nachfahren, denn der Sprit erzeugte Auspuffgase die so ätzend waren, dass sie uns blind machten ...»
Heute lässt Mercedes den Sprit für die alten Silberpfeile bei Esso in England mixen. Nitrobenzol ist keines mehr drinnen, 85% Methanol, 8% Äther, der Rest ist 100 oktaniger Flugbenzin. Man bestellte für die Saison 1998 ein Kontingent von 800 Litern. Zum Literpreis von 15 Mark, was bei einem Verbrauch von 180 Liter auf 100 Kilometer nicht gerade billig ist.
Aber die Spritkosten sind vernachlässigbar im Vergleich zum wahren Wert dieses zum Mythos gewordenen Grand Prix-Denkmals, das auf 15 Millionen Mark versichert war, und dessen Motor seit 1951 drinnen steckte.
Was ist, fragte ich, wenn er ex geht?
Man müsste sich einen von W154/2, der im Untertürkheimer Werks-Museum stand, ausborgen, oder auf den vorhandenen H18-Motor zurückgreifen. Oder

alles was kaputt ist, neu anfertigen lassen. Oder Kompensations-Geschäfte mit anderen W154 Mumien tätigen: zwei (W154/6 und W154/16) stehen im Schlumpf-Museum von Mühlhausen, wohin sie Alfred Neubauer, der sagenhafte Mercedes-Rennleiter, auf merkwürdige Art verscherbelt hat. W154/14 parkt im Deutschen Museum in München, den W154/10 hat es ins Technische Museum nach Prag verschlagen, W154/9 überlebte den Krieg in der Tschechoslowakei, kam nach England, und wurde auf der Queen Mary in die USA verschifft, wo ihn nicht einmal zwei Indianapolis-Starts in den Jahren 1947 und 48 entsorgen konnten. Auf Umwegen kam er in die Hände von Neil Corner nach England, wo Crosthwaite & Gardiner in einer aufwendigen Restauration den Tacho wieder zurückdrehten.
John Gardiner hatte auch die unmittelbaren Gegner der Jahre 1938 und 39 wiederaufbereitet, die Auto Union Rennwagen vom Typ D, daher kann er als einziger Techniker kompetente Vergleiche anstellen: «Jeder Zoll am Auto Union und Mercedes reflektiert, wie viel Geld für das Projekt zur Verfügung stand. Die Mercedes wurden ohne Rücksicht auf Kosten gebaut, jeder Teil ist ein ingeniöser Overkill. Nichts war denen kompliziert genug, das Detail-Finish und die Fertigung zeugen von wahrer Besessenheit. Im Gegensatz dazu ist der Auto Union effizienter konstruiert, um mehr Funktionen unter einen Hut zu bringen. Auto Union konstruierte so, dass Zeit und Geld gespart wurde.»
Ich musste mich konzentrieren: Das Gaspedal liegt in der Mitte zwischen Kupplung und Bremse und das 5-Gang Getriebe verlangt ein verkehrtes Schaltschema: die Erste ist links oben, die Zweite rechts unten, die Dritte oben, wo bei einer H-Schaltung die Erste ist, usw. Die Schaltkulisse ist ein Präzisionsstück schwäbischer Handwerkskunst.
Ich werde angeschoben, lasse die Kupplung kommen, der Vulkan brodelt, ein Grollen und Hämmern aus zwölf Zylindern; mit dem Gaspedal dreht man alles lauter, die Nadel zittert gegen 2000 Touren, mehr Gas heißt mehr Vulkan, ich kurve auf die Landebahn hinaus, mit jedem Lenkeinschlag zentriere ich den Wasserspray der riesigen Vorderräder direkt ins Cockpit.
Zweite rein, mit dem Blick nach unten zum Schaltgestänge, 3000 Touren ergeben 197 PS, behutsam erhöhe ich auf 4000 Touren, da reißen sich 282 PS los und der Vulkan bricht aus, die Regentropfen werden scharf wie Glassplitter, die Brille beschlägt sich, ich muss sie lüften.
Vor mir der torpedoförmige Rumpf, völlig ausgegossen von einem monströsen, wegen der Kardanwelle schrägversetzten Motor, mit einem monumentalen Kühler, ich inmitten von Satteltank und Hecktank, schön gebettet, gurtenlos in einer Stoffsitzmulde, die Vorderräder wackeln als würden sie jeden Moment davonlaufen.
Ein Auto, das rund um einen Motor und seine Tanks konstruiert wurde. Das Erfolgreichste, Schönste und Schnellste, was es in der 3-Liter Formel vor dem Krieg gab.
Da sind sie gesessen, wo ich jetzt sitze, die Sagenfiguren meiner Kindheit. Titanen, in weißen Staubkappen und Overalls - sie hatten keine Schutzengel aus Kohlefaser um sich, keine Flügel und keinen Groundeffekt, der sie auf die Straße saugte, sie hatten keine breiten Gummiwalzen und keine Schaltautomatik, die ein Überdrehen des Motors ausschließt. Ihre Füße lagerten in

keiner Hochnase, ihr Boxenfunk hieß Alfred Neubauer, er signalisierte Abstände, Platzierungen und Befehle vom Pistenrand. Keine TV-Kamera fuhr mit, keine Telemetrie machte die Fahrer transparent, keine Traktionskontrolle schützte vor Übermut, keine Reklameaufschriften. Wenn es ein Sponsor-Logo gab, dann war es das Hakenkreuz ...

Die Lenkung ist direkt, sie morst jede Betonfuge in die Handballen, ein guter Sensor neben dem Hintern, wenn man ihre Signale aus der Kraft rausfiltert, die sie zur Bedienung fordert.

Ich befehle mir eine rechtzeitige Bremsung bevor die 850 m lange Flugplatzpiste zu Ende ist. Der Befehl wird vom Hirn an den rechten Fuß weitergegeben, der steigt aber wie gewohnt auf das mittlere Pedal, somit aufs Gas.

Der Silberpfeil quittiert meinen Irrtum mit einem Satz vorwärts, erst das richtige, ganz rechte Pedal, staucht ihn zusammen. Im letzten Moment, denn die Piste ist zu Ende.

Caracciola missfiel an der 39er Version des W154 zunächst die Sitzposition, die Ing. Rudolf Uhlenhaut für weniger stark abgewinkelte Arme festgelegt hatte. Caracciola hingegen änderte sich nicht mehr, er konnte nur mit stark abgewinkelten Armen am Lenkrad agieren. Im Februar 1939 saß Caratsch genau dort, wo ich jetzt sitze.

Bloß die Räder waren vollverkleidet: handgetriebenes Alublech, modelliert nach Windkanalversuchen, denn Mercedes ging wieder einmal auf die damals so prestigeträchtige und vom Nazi-Regime gewünschte Rekordjagd.

Ein interner Streit war diesen Rekordversuchen auf der Super-Autobahn von Dessau, wo auch der Mittelstreifen betoniert war, vorangegangen. Hermann Lang, der neue Star hätte fahren sollen, aber Caracciola begehrte auf: «Die Nummer eins bin immer noch ich ...»

Der teaminterne Machtkampf zwischen Caracciola, den Alfred Neubauer zu Recht unter Denkmalschutz stellte, und dem jüngeren, unverbrauchten Mechaniker Hermann Lang, wurde immer härter. «Caratsch» freilich war für Mercedes eine Erfolgsgarantie wie ein halbes Jahrhundert später ein Michael Schumacher für Ferrari. Lang sägte am Thron des Meisters, der seinen Zenith damals schon überschritten hatte.

Nachdem Caracciola sich durchgesetzt hatte und mit dem Stromlinien W154/11 am 8. Februar 1939 zwei Rekorde mit stehendem Start hingelegt hatte, packte Mercedes noch einmal den großen Rekordwagen aus, jenes Stromlinien-Monster, mit dem Caracciola am 28.Jänner 1938 auf der Autobahn Frankfurt-Darmstadt unvorstellbare 432.3 km/h gefahren und Bernd Rosemeyer beim Konterschlag ums Leben gekommen war. Diesmal baute man einen 3-Liter V12-Zylindermotor aus dem W154 ein, der Caratsch am 9.Februar 1939 in Dessau auf unglaubliche 399.5 km/h über die fliegende Meile trieb.

1939 lag die Höchstleistung zwischen 470 und 480 PS bei 7.500 U/min. Hermann Lang bekam im Eifelrennen den ersten Motor mit dem Zweistufen-Gebläse.

Beim Wenden auf der Flugplatzpiste bin ich jedes Mal erstaunt, wie kontrollierbar das Auto im mittleren Drehzahlbereich ist, vorausgesetzt man streichelt das Gaspedal, aber ein Flugplatz bietet im Vergleich zum Nürburgring

die Hindernisfreiheit des großen Salzsees von Utah. Mit einem Nuvolari im Rückspiegel wurde das Spiel mit einer Bodenhaftung, die heute jeder VW Golf überbietet, zu einer ernsten Sache. Der Geradeaus-Speed war damals raketenhaft hoch, am Nürburgring waren die W154 auf 297 km/h Spitze übersetzt, im Vergleich dazu waren die Kurventempi aber niedrig, die Querbeschleunigung nicht so hoch, dass sie ein besonderes Training der Nackenmuskeln erfordert hätte. Gefragt war Kraft in den stark abgewinkelten Armen und kräftige Beine für Kupplung und Bremse.
Für die Titanen der Vorkriegszeit liefen die Grand Prix über eine Distanz von 500 km - um 200 km mehr als heute.
Die Umwelt war überaus feindlich. Der Nürburgring und Spa-Francorchamps waren vor dem Krieg nichts anderes als asphaltierte Feldwege, der Bremgartenring in Bern voller tödlicher Fallen, aber auch Pau, Tripolis, Belgrad, Donington und Pescara waren sehr hartherzige Pisten, die keine Fehler verziehen.
Aber vielleicht waren es gerade die Mauern, die Gräben, die Böschungen, die Alleebäume und die papierdünnen 400 Liter-Tanks ihrer Brandbomben, die bei Caracciola und Co. eine unerhörte Disziplin zum Überleben erzeugten. Wie sonst wäre die Tatsache erklärbar, dass es zwischen 1934 und 1939, trotz ausufernder Geschwindigkeiten, nur vier tödliche Unfälle in der Grand Prix-Liga gab: Guy Moll in Pescara (1934), Ernst von Delius am Nürburgring (1937) und Dick Seaman in Spa (1939), wobei ein Bernd Rosemeyer bei einer Rekordfahrt verunglückte: durch eine Windböe, die ihm jenseits von 430 Stundenkilometer ins Jenseits schickte.
Mit jedem Lauf genehmigte ich mir auf der Aquaplaning verdächtigen Flugplatzpiste höhere Drehzahlen im lang übersetzten zweiten Gang (184 km/h = 7.500 U/min.), die Herausforderung heißt aber, die Bodenhaftung zu behalten, denn es ist das sagenhafte Leistungsgewicht, das diesen Silberpfeil so scharf macht und den Radschlupf provoziert.
An Hand alter Wiege-Protokolle bin ich mit einem fahrfertig 1047 kg schweren Boliden unterwegs, jedes PS braucht nur lächerliche 2.18 kg zu schleppen.
Ab 4.500 Touren scheint sich eine Feststoff-Rakete zu entzünden und wer diesen Schub bis 6000 Touren nie auskosten durfte, hat umsonst gelebt.
Die Piste wird zu schnell zu kurz und die Bremsen sind undurchschaubar, sicher schwieriger zu dosieren, als die Rohkraft des Motors.
Mercedes hatte errechnet, dass die zur Kühlung dienenden Turboschaufeln der Trommelbremsen bei 1600 Radumdrehungen, oder 250 km/h, ein halbes PS schlucken ...
Dass ich mein persönliches Drehzahl-Limit auf 6000 Touren festsetzte, wo laut Prüfstand 410 PS anstehen, hat außer dem schnellen Ende der Piste, noch einen Grund.
Mir war es lieber, wenn nicht ich, sondern John Surtees, der diesen Wagen in jenem Jahr 1998 für Demozwecke noch fahren durfte, dem Auto den Gnadenschuss gibt. Bei diesen Gedanken fallen mir die Pleuellagerkäfige der Hirth-Wellen ein, die Drehzahlen jenseits von 7.200 Touren zu oft mit Brüchen quittierten, wie im Training zum Wiener Höhenstraßen-Rennen.
1939 zählte das Rennen vom Heurigen-Ort Grinzing auf den Kahlenberg und das Großglockner-Rennen zur Deutschen Bergmeisterschaft, denn das

Großdeutsche Reich hatte seine Grenzen erweitert. Grinzing lag jetzt gewissermaßen bei Dessau, verbunden durch jenen W154/11 den Caracciola als Rekordwagen benützte, und den Hermann Lang in Wien bergwärts zum Sieg trieb: Aber erst im zweiten Lauf, als er den Auto Union von H.P. Müller, zwillingsbereift, in einer um 8/10 schnelleren Gesamtzeit niederbügelte.
Hermann Lang wurde 1939 Europameister, bei acht Starts feierte Mercedes sechs Siege.
47 Mal waren Mercedes Benz und die Auto Union zwischen 1934 und 1939 aufeinander geraten, Mercedes gewann 28 mal, die Auto Union 18 mal. Nur ein Rennen gewannen sie nicht, die Deutschen Silberpfeile, den Großen Preis von Deutschland im Jahre 1935, den schnappte ihnen Tazio Nuvolari auf einem Alfa Romeo weg.
Den Krieg hat der W154/11 auf wunderbare Weise in Berlin überlebt. Die Russen haben ihn nicht verschleppt, wie jene beiden W154, die in Eisenstadt versteckt waren.
Als Neubauer 1947 Inventur machte, fand er vier komplette und zwei halbfertige 3-Liter Motoren im Werk, darüber hinaus zwei W154 Chassis, zwei weitere W154, darunter auch die Chassisnummer 11, tauchten in Berlin auf.
Am 18.November 1950 wurde W154/11 auf einem Rollenprüfstand im Werk wieder belebt. Mercedes rüstete zu einer Expedition nach Argentinien.
Vor mir liegt eine Aktennotiz vom 1.12.1950 an Oberingenieur Neubauer «Betr.: Gewichte für Argentinien. Das Gesamtgewicht unserer Ausrüstung einschließlich der Wagen, aber ohne Benzin, Öl und Reifen, beträgt rechnerisch ermittelt 12,8 Tonnen»
Am 18.Februar 1951 saß Fangio dort, wo ich jetzt sitze. Das Auto war bereits 13 Jahre alt.
Beim ersten Rennen in Buenos Aires wurde Lang Zweiter, Fangio im W154/11 Dritter, Kling Sechster.
Gonzales im 2-Liter Kompressor-Ferrari gewann nicht nur dieses Rennen, sondern auch eine Woche später: Kling wurde Zweiter, Lang Dritter, Fangio schied mit durchgebrannten Kolben aus.
Neubauer schrieb: «Staub, gewöhnlicher Zementstaub, durch die Reifen der rasenden Wagen von der Bahn in Buenos Aires hochgewirbelt, wurde von den tiefliegenden Vergasern unserer Wagen angesaugt, die Automaten blockierten, die Zylinder erhielten zuviel Benzin, sie wurden ausgewaschen, die Kolben rieben an, unsere Motoren wurden sauer. Erst später gestand mir Fangio, er habe beim Bau der Rennbahn in Buenos Aires für einen kurvenreichen Kurs plädiert, weil er damals damit rechnete einen Alfa zu fahren und eine kurvenreiche Rennstrecke Gift für die Mercedes wäre ...»
Klaus Seybold sagte zu mir in Niederöblarn: «Die Motoren liefen damals in Argentinien einfach zu mager. Vom Alkoholsprit geht die eine Hälfte für die Innenkühlung auf, die andere für Leistung. Wenn nur ein Drittel für Leistung zur Verfügung steht, kommt es schlagartig zu einem Leistungsverlust, irgendwann fressen die Kolben, wie bei Fangios W154/11 ...»
Der Regen hat nachgelassen und in der steigenden Euphorie lässt auch die Ehrfurcht vor diesem Jahrhundert-Boliden nach. Daher bremse ich mich ein und kurve aus der Piste hinaus zum Hangar.

Erst jetzt spüre ich, dass ich bis auf die Haut nass bin.
Ich stelle den Motor ab.
In der Stille verflüchtigen sich Caracciola, Lang und Fangio. Das Auto dampft aus allen Fugen. Sofort sind die Wespen wieder da.
Das Sagenbuch klappt zu.
Lassen wir dem Silberpfeil-Restaurator John Gardiner von Crosthwaite & Gardiner das Schlusswort: «Ich wette» sagte er, «dass Daimler Benz für den W154 mehr Geld ausgegeben hat, als die Amis für die Mondlandung ...»

Was für den W154 vielleicht etwas übertrieben klingt, müsste aber durchaus für die Jahre seit 1995 zutreffen. Seit damals zahlt Mercedes die Rechnung bei McLaren.

4. Juni 1967: erster Start, erster Sieg Jim Clarks im revolutionären Lotus 49 Cosworth

2

Die Eroberung des Sinnlosen

Zur Einstimmung: Die Jahre zwischen Bastlertum und Computer, im Zeitraffer erzählt.

Der McLaren M7 des Jahres 1968 besaß einen 3-Liter Ford Cosworth V8 Motor, der 430 PS bei 9.000 U/min. leistete. Er wurde an Hand von 86 Konstruktionszeichnungen gebaut. Der McLaren MP4-19 des Jahres 2004 besaß einen 850 PS starken Mercedes V10 Motor, der 18.800 U/min. drehte.
Der M7 hat nie einen Windkanal gesehen.
Der MP4-19 wurde mit Computer-aided-Design and Manufacture (CAD/CAM) konstruiert, nach 3.900 Zeichnungen.
Seine Aerodynamik wurde mit CFD-Programmen (computational fluid dynamics) untersucht, Flügelprofil-Varianten und Strömungsverhalten lassen sich am Bildschirm simulieren, bevor man im Windkanal die Modellversuche startet.
In die Konstruktion des McLaren M7 waren maximal vier Techniker involviert. McLarens Technischer Direktor Adrian Newey erinnert sich heute: «1980, in meinem ersten Jahr in der Formel 1, waren wir bei Fittipaldi insgesamt sie-

Die Größten ihrer Zeit: Juan Manuel Fangio und Sir Stirling Moss.

ben Ingenieure und Zeichner. Am Design des McLaren MP4-19 waren 100 Ingenieure beteiligt.»
1968 war das technische Reglement auf zwei Papierseiten festgeschrieben. Heute besteht es aus 50 Seiten, plus 30 Seiten für Interpretationen.
Das Wissen von Allround-Technikern wie Mauro Forghieri, der in den Siebzigerjahren die Formel 1 Ferrari im Alleingang konstruiert hatte, vom Motor über Getriebe, vom Chassis bis zum Heckflügel, reicht im Computer-Zeitalter nicht mehr aus. Ein Ross Brawn konstruiert nicht, ein Adrian Newey auch immer weniger, sie sind technische Manager, die die Hausaufgaben ihrer 100 Ingenieure korrigieren.
Wenn Niki Lauda und der geniale Forghieri in Fragen der Technik ihren ständigen Kollisionskurs mit ihren starken Egos bewaffneten, war das ein Dialog, wie er heute in dieser Tiefe mit dem Fahrer nicht mehr stattfindet, denn es regiert die Computer-Simulation und selbst die Scuderia Ferrari war zu Laudas Zeiten noch kein Turmbau zu Babel, wie heute etwa Toyota, wo 32 verschiedene Nationen Formel 1 machen.
Ferrari setzte mit Ausnahme von starken Motoren in der Formel 1 Technik jahrzehntelang keine dramatischen Meilensteine. Von Ascari (1952/53), über das Trips-Hill Jahr 1961, bis in die Niki Lauda Epoche, hatte Maranello jeweils die stärksten Motoren. Die Briten wiederum mussten in Ermangelung ähnlich starker Motoren das Power-Manko durch riskanten Leichtbau und revolutionäre Chassistechniken kompensieren.
Heute ist Spezialistentum gefragt. Gewisse Ingenieure sind nur für die Vorderradaufhängung zuständig. Mercedes-Ilmor war dafür bekannt, dass die Motoren-Ingenieure nur mit winzigen Teilbereichen betraut wurden und in einer gewissen Isolation gehalten wurden, um im Falle ihres Ausscheidens keinen entscheidenden Technologie-Transfer auszulösen.
Adrian Newey verweist: «Es sind die heutigen Ressourcen, die auf Aerodynamik und Materialforschung fokussiert werden, die für die gewaltigen Fortschritte verantwortlich sind.»
1950 war das Geburtsjahr der Automobil-Weltmeisterschaft. Der Rennformel - 1.5 Liter Hubraum mit, 4.5 Liter ohne Kompressor - stellten sich Werkteams von Alfa Romeo, Ferrari, Maserati, Talbot und Gordini.
Das Alfa-Team bestehend aus Fangio, Farina und Fagioli fuhr 1950 jenen Achtzylinder-Kompressor-Rennwagen, den man «Alfetta» nannte und der zu diesem Zeitpunkt schon ein zwölfjähriges Vorleben aufwies. Die Alfettas wurden erstmals 1937 bei der Scuderia Ferrari in Modena gebaut und sie sollten bis zum Jahre 1951 von Sieg zu Sieg heulen: selbst als Museumsstücke waren sie noch auf der Überholspur.
Heute sind die Formel 1 kurzlebiger. 2005 musste McLaren gleich zwei neue Modelle auf Kiel legen, weil das erste ein Flop war.
Das Nachkriegs-Comeback von Mercedes auf den Grand Prix Pisten im Jahr 1954, ist ein markantes Lesezeichen in der Formel 1-Geschichte.
Der W196 hatte revolutionäre Details an Bord: eine Zwangsventilsteuerung ohne Ventilfedern, mit einer direkten Benzineinspritzung ging man völlig neue Wege, die Karosserie war aus einer Magnesiumlegierung. Beim ersten Start in Reims, der mit einem Doppelsieg Fangio vor Kling endete, betrug die

Leistung 257 PS bei 8.250 U/min. Der Achtzylinder-Motor war beinahe völlig querliegend in einem Gitterrohrrahmen eingebaut. Das 5-Gang Getriebe war mit dem Differential verblockt. Der Rennwagen brachte trocken 758 kg auf die Waage. Die Ingenieure von Daimler-Benz hatten den 8 km langen Kurs von Reims auf dem Papier durchgerechnet. Als die Fahrer nach Reims kamen, wussten sie an Hand eines Streckendiagramms wie schnell sie durch die Kurven fahren dürfen und welcher Gang wann und wo eingelegt und gebremst wird. Was heute mit Computer-Simulationen erledigt wird, wurde 1954 von Mathematikern mit Rechenschiebern dargestellt.
1955 konnte durch neuentwickelte Continental-Reifen die Querbeschleunigung auf 1,0 g gesteigert werden.
Selbst nach Perioden, wo die Formel 1 Autos vom Reglement her von der Aerodynamik her oder den Reifen eingebremst wurden, gelang es den Ingenieuren die Querbeschleunigung auf über 5 g hochzufahren.
1954 und 1955 wurde Fangio auf Mercedes Weltmeister.
Nach dem Unglück in Le Mans, am 16.Juni 1955, bei dem es 78 Tote und 94 Verletzte gab, als der Mercedes 300SLR des Franzosen Pierre Levegh nach einer Kettenreaktion in die Zuschauer flog, nach diesem schwersten Unglück in der Geschichte des Autorennsports, wurde die Weiterentwicklung der Formel 1-Mercedes auf Eis gelegt. Nach Saisonschluss zog sich die Stuttgarter Edelmarke vom Rennsport zurück, man hatte 1955 sowohl die Formel 1 als auch die Sportwagen-WM gewonnen.
Es sollten 40 Jahre vergehen, bis Mercedes-Benz wieder in die Formel 1 mit vollem Engagement zurückkehrte, das war 1995 mit McLaren.
1957 wurde Juan Manuel Fangio auf Maserati zum fünften Mal Weltmeister.
Ab 1958 waren die geheimnisvollen Spritmixturen verboten, die aus Methylalkohol, Flugbenzin, Benzol, Aceton und Nitrobenzol bestanden. Zwischen 1958 und 1960 wurde mit 130 oktanigem Flugbenzin gefahren. Am 9.Juli 1958 beendete Fangio in Reims seine Karriere, nachdem er zweieinhalb Minuten hinter dem Sieger Mike Hawthorn ins Ziel kam. Er wusste, das ist der Zeitpunkt zum Abtreten. Fangio überlebte, weil er sich keine Fehler geleistet hat. Fehler waren zu seiner Zeit tödlich. Heute wissen die Piloten, dass ihre Überlebenschancen intakt sind, selbst wenn sie mit 250 km/h gegen die Barriere krachen.
Fangio war ein Mann, der seine Lebenskerze an zwei Enden angezündet hat. Fünf Herz-Bypässe hatten sein Leben verlängert, zuletzt hing er an der Dialyse. Der Mann, der eine Epoche prägte, 24 Formel 1 Grand Prix gewonnen hatte, starb am 17.Juni 1995 im Alter von 84 Jahren.
Als Stirling Moss am 19.Jänner 1958 mit einem winzigen, nur 165 PS starken 2-Liter Heckmotor Cooper-Climax gegen die stärkeren Frontmotor Ferrari und Maserati den Argentinien-Grand Prix gewinnen konnte, war das der Start zu einer Revolution, die mit Heckmotor und Leichtbau gegen Ferrari und Maserati auf die Barrikaden ging.
Die Initialzündung war von der kleinen englischen Rennwagenschmiede Cooper ausgegangen. 1959 gewann der Australier Jack Brabham auf Cooper bereits acht von 13 Grand Prix, das sicherte ihm den Titel, den er auch im folgenden Jahr gewann.

Colin Chapman hatte sich mit seinen Aufsehen erregenden Lotus-Sportwagen einen Namen gemacht, aber für die Formel 1 war seine Firma noch nicht reif. Erst 1960 konnte ein Lotus unter Stirling Moss der Firma Cooper, die Chapman hämisch als «Hufschmiede» bezeichnete, zwei Grand Prix wegschnappen - Monaco und USA.
Der heckmotorgetriebene Lotus 18 war die reinste Filigrantechnik. Der Leichtbau wurde derart ausgereizt, dass Stirling Moss in Spa bei 230 km/h das linke Hinterrad wegflog ...
Tatsache ist jedoch, dass keine Einzelperson das Wettrüsten der Formel 1 mit so vielen genialen Einfällen befruchtet hat, wie der Gründer der Firma Lotus, Colin Chapman. Auch wenn er seine Visionen durch ihm ergebene Techniker verwirklichen ließ. Dank seiner Durchschlagskraft und seines riskanten Management Stils entstand bei Lotus für die Formel 1 der Schalenrahmen, genannt Monocoque, als die Gegner noch Rohrrahmen Autos einsetzten. Entstanden Turbinen-Autos, wurde mit Allradantrieb experimentiert, Lotus setzte auf Keilform und entwickelte mit dem Lotus 72 einen derart fortschrittlichen Formel 1 Wagen, dass dieses Konzept von 1970 an insgesamt vier Jahre lang siegfähig war.
In dem großartigen Jim Clark fand Chapman seine «Labor-Maus», an der er seine extremen Techniken austesten konnte.
Chapman war ein Extremist, der mit fünf Leuten in einen Aufzug einstieg, der nur für drei zugelassen war. Der Preis, den Lotus für seine Reißbrett - Hasardspiele zahlte, war hoch. Piloten wie Alan Stacey, Ricardo Rodriguez, Jim Clark, Mike Spence und unser Jochen Rindt verloren im Lotus-Cockpit ihr Leben und Stirling Moss hatte 1962 in Goodwood in einem Lotus 18/21 jenen schweren Crash, der seine Karriere beendete.
Als Mercedes 1955 in Le Mans erstmals mit verstellbaren Luftbremsen am 300SLR auftauchte, realisierten die Fahrer, dass es sich lohnt, diese Staumauer des Fahrwindes erst nach einer Kurve einzufahren, weil sie offenbar Anpressdruck produzierte.
Aber erst 1968 wuchsen der Formel 1 die ersten Flügel und sie wurden sehr schnell zu einem Auswuchs, der für die Fahrer eine tödliche Gefahr bereit hielt.
Wie durch ein Wunder überlebten Graham Hill und Jochen Rindt 1969 in Barcelona einen Horror-Crash, weil an ihrem Lotus der Heckflügel einknickte. Die Konsequenz daraus war, dass die hochgelagerten Heckflügel schnell verboten wurden.
Die Erfindung des Ground-Effects, die Lotus im Typ 78 der Saison 1978 völlig unbemerkt ins Wettrüsten einbrachte, war so revolutionär wie die Glühlampe des Thomas Alfa Edison.
Es dauerte eine Weile bis die Konkurrenz dieses Konzept mit verkehrt angeordneten, seitlichen Flügelprofilen durchschaute, die unterm Auto eine Saugnapfwirkung erzeugten. Und selbst die Reporter, die sich damals noch frei in den Boxen bewegen konnten, bekamen diese Errungenschaft nicht spitz.
Ein weiterer Meilenstein war die von Lotus ins Spiel gebrachte, sogenannte «aktive», von Computern gesteuerte, Radaufhängung.
Immer wenn die Geschwindigkeiten ausuferten, und das zieht sich durch die

Sie haben die Formel-1 verändert: v.l. Keith Duckworth, Colin Chapman, Jim Clark und Graham Hill

Esso

In Jim Clark (l.) fand Colin Chapman (r.) seine „Labor-Maus», um extreme Techniken auszutesten

ganze Geschichte der Formel 1, musste das Speed-Monster in die Flasche zurückgestaucht werden.
Als 1961 der Hubraum von 2,5 auf 1.5 Liter reduziert wurde, die Leistung von 290 PS (Ferrari 256, 1960) auf 185 PS (Ferrari 156 im Jahre 1961) zusammenfiel, waren die Autos bereits 1962 wieder so schnell wie 1960. Und 1965, im letzten Jahr der 1.5 Liter Formel, hatten die 12-Zylinder von Ferrari und Honda bereits 220 PS und eine Höchstdrehzahl von 12.000 U/min.
Hat Chapman die Rennwagen-Technik durch Revolutionen und Innovationen über Jahre hinweg bestimmt, so hatte sein Zeitgenosse Keith Duckworth mit seinem, von Ford finanzierten, Cosworth-Motor einen V-8 Zylinder-Treibsatz geschaffen, der die Formel 1 veränderte und kein Ablaufdatum zu haben schien. Am 4.Juni 1967 trieb der neue Motor im Grand Prix von Holland den Lotus 49 von Jim Clark zum ersten Sieg. Die Bilanz des Motors wurde legendär: 257 Starts, 155 Siege, 131 Polepositionen, 138 schnellste Runden, 12 Fahrer-WM-Titel, 10 Konstrukteurstitel.
Keith Duckworth, so erzählt man sich, wurde einmal vom Chef eines großen Autowerkes um seine Meinung über den neuesten Motor befragt.
Duckworth, vor dem transparenten Motor stehend, antwortete: «Wenn Sie sich in die Lage des Gases versetzen, werden Sie von den Kolben in den Arsch getreten.
Was würden Sie tun? Sie suchen sich als Fluchtweg den kürzesten Weg. Den kann ich an ihrem Zylinderkopf leider nicht finden ...»
Wenn man vom Ground-Effect absieht, so waren die Slicks der Mega-Sprung in der Zeitvernichtung, die 1971 von Goodyear beim Südafrika-Grand Prix erstmals eingesetzt wurden.
1978 begann der Brabham Konstrukteur Gordon Murray den Rumpf seiner Formel 1-Wagen, der zu 75% aus Alu gefertigt war, mit 25% Kohlefaser zu verstärken.
Was als Carbonfibre bezeichnet wird, sind Fäden aus Kohlenwasserstoff, dem unter Temperatur und Vakuum der Wasserstoff entzogen wird. In der Molekularstruktur kommen die Fäden in die Nähe von Diamanten.
Carbonfibre wurde von Royal Aircraft Establishment in Farnborough entwickelt. Das Material lebt von dem hervorragende Verhältnis von Festigkeit zu spezifischem Gewicht. Kohlefaser ist bei gleichem Gewicht dreimal so reißfest wie Stahl. In Kohlefaser kann man fünfmal so dick bauen wie in Stahl, Kohlefaser ist dreimal so fest auf Zug belastbar. Die Knitterfestigkeit ist bei gleichem Gewicht 300mal größer als die von Stahl.
Die schwarzen, sieben tausendstel Millimeter dünnen Kohlefasern, haben die Formel 1 verändert. Sie werden als sogenannte harzgetränkte Pre-preg-Matten verarbeitet, die bei minus 18 Grad gelagert werden.
John Barnards McLaren MP4/1 war im Jahre 1981 der erste Formel 1 mit einem Voll-Carbon Monocoque.
In speziellen Temperaturzyklen bis 135 Grad werden die Carbonrümpfe unter variierbarem Vakuum viereinhalb Stunden in einem Autoklaven gebacken.
Die Fertigung einer Carbon-Bremsscheibe dauert ein halbes Jahr, so lange dauert der Backvorgang im Autoklaven.
Seit es Carbon-Rümpfe gibt, sind die Lebenserwartungen der Formel 1-Piloten sprunghaft gestiegen.

Heute werden sogar Teile der Radaufhängung aus Carbon gefertigt, doch die angewandten Klebetechniken zwischen Metall und Carbon sind riskant. Der Fertigungsprozess verlangt höchste Präzision und jedes Formel 1-Team, das Klebetechniken anwendete, zahlte in schweren Unfällen bitteres Lehrgeld.
Bei Minardi ist einmal folgendes passiert: die Flasche mit dem Entfettungsmittel stand an einem heißen Tag zu lange offen, wichtige Bestandteile verflüchtigten sich, was dazu führte, dass die Klebung Metall mit Kohlefaser bei einem Querlenker bereits bei der ersten Boxenausfahrt aus dem Leim ging.
Meist versagte die Klebetechnik nicht im Schritt-, sondern im 250 km/h Tempo, was mit schweren Unfällen endete. Der wahre Grund wurde meist verschwiegen.
Früher brachen die Rennwagen, weil sie von Reißbrett-Hasardeuren gebaut wurden, doch auch heute im Zeitalter der Computer-Simulationen brechen noch Radaufhängungen und Flügeln, nur sind die Konsequenzen nicht mehr tödlich wie früher.
Formel 1 Technik war immer ein Grenzgang, früher entlang der Todeszone, in den letzten zehn Jahren wurde die passive Sicherheit per Reglement verordnet und die Erfüllung der Crash-Normen wurde für die Ingenieure eine riesige Herausforderung.
In den 80er Jahre erlebte die Formel 1 ihren großen Boom. 20 Rennställe liefen aufs Spielfeld und Bernie Ecclestone schraubte das Startgeld für seinen Zirkus auf 540.000 Dollar.
1980 wurde das bis dato schnellste Jahr der Formel 1. Die Rundenzeiten des Vorjahrs wurden um 3 Sekunden unterboten, weil die Kurventempis immer höher wurden. Die Fahrer konnten kaum noch atmen, von Genickschlägen und g-Kräften geschlaucht, sind sie damals mit ihren Rennautos der Streckensicherheit um fünf Jahre davongerast. Die meisten Fahrer plädierten für ein Langsamermachen der Autos, allein schon, weil sie sich noch völlig untrainiert den g-Kräften ausgesetzt sahen.
Bernie Ecclestone konterte, wie immer unsachlich: «Vor zehn Jahren, als die Rennwagen um 10 und mehr Sekunden pro Runde noch langsamer fuhren, passierten mehr tödliche Unfälle als jetzt.» Die Fahrer mussten sich für die höheren g-Kräfte erst fit machen. Nelson Piquet hatte in Imola bei einer Notbremsung sogar einen Blackout: «Mir wurde von der Vollbremsung wegen eines langsamen Konkurrenten plötzlich ganz dumm und schwindelig im Kopf ...»
1981 wurden die beweglichen Schürzen, die unterm Auto die Saugnapfwirkung abdichteten, verboten und durch starre Schürzen, die einen Spalt von mindestens 6 cm zur Fahrbahn freiließen ersetzt. Die Ingenieure erfanden daraufhin hydropneumatische Hebevorrichtungen, um die Autos während der Fahrt abzusenken, was nicht kontrollierbar war.
1982 starb Colin Chapman zu Hause an Herzversagen, und ein Turbomotor war immer noch die teuerste Art, die WM nicht zu gewinnen. Die englischen FOCA-Teams hassten den Turbo, den Renault 1977 einbrachte. Die Engländer wollten sich von den Lagerbeständen ihrer billigeren Cosworth-Motoren nicht trennen.
Mit unglaublichen Tricks wurde das Reglement unterlaufen. Die heutigen

obersten Technik-Polizisten der FIA und Race-Direktoren Charlie Whiting und Herbie Blash, einst in Bernie Ecclestones Brabham-Team die Chefmechaniker, erinnern sich, der faulen Tricks der frühen Jahre, «wo wir mit einem Heckflügel, in dem 30 kg Blei einlaminiert waren, bei der technischen Abnahme das geforderte Mindestgewicht vorgetäuscht haben ...»
«Das war die gute alte Zeit» erinnert sich Bernie Ecclestone selbst heute noch, mit viel Wehmut in der Stimme, als wären die Milliarden Dollar, um die er inzwischen reicher geworden ist, keine Entschädigung für die wilden Jahre der Formel 1.
1983 wurden die Schürzen ganz verboten, der Unterboden musste flach sein.
1984 begann die Reduktion des Tankvolumens, ein Mittel um die Leistung der Turbomotoren zu drosseln: von 250 Liter wurde zunächst auf 220 Liter (1984) reduziert, ab 1986 auf 195 Liter. Die Rennen wurden zu einem Economy-Run.
1986 machte BMW in Monza für die Benettons von Teo Fabi und Gerhard Berger im Training 1450 Turbo-PS bei einem Ladedruck von über 5.2 bar locker, der Topspeed lag bei 350 km/h.
2004 erreichten Jarno Trulli und Michael Schumacher in Monza 363 km/h Topspeed, dabei leistete der Renault nur 860 PS und der Ferrari knapp 900 PS, aber die Autos waren in den immer komplexer gewordenen Windkanälen so effizient wie noch nie gestylt worden.
1988 war das letzte Turbo-Jahr, die Turbos wurden nochmals kastriert: max. 2,5 bar Ladedruck, der Tankinhalt betrug nur noch 150 Liter.
Ab 1989 begann eine neue Ära der Saugmotoren und die Rundenrekorde der Turbos schmolzen wie Schnee vom letzten Winter. Die 3.5 Liter Autos bauten soviel Abtrieb auf wie noch nie, der Reifenkrieg Goodyear gegen Pirelli sorgte für einen ständigen Nachschub an Grip.
Vom Ferrari-Piloten Gerhard Berger hörte man: «In einer Qualirunde kommt mir vor, dass ich am Limit meines Körpers bin und am Ende meiner Reflexe.»
Die Formel 1 begann zu boomen wie noch nie: 102 Länder rissen sich um die TV-Übertragung, immer mehr Sponsoren zahlten immer höhere Eintrittspreise für einen Logenplatz. So wie die Japaner 50 Jahre nach Pearl Harbour die ganze Insel Hawaii aufgekauft haben, das New Yorker Rockefeller Center in Besitz nahmen und weltweit Banken, Versicherungen, Industrien, Hotelketten und Kunstschätze aufkauften, begannen sie sich auch in der Formel 1 breit zu machen.
Honda computerisierte die Formel 1 und Ferrari hielt mit dem besten Windkanal dagegen.
1990 setzte Ferrari in Le Castellet einen 12-Zylinder mit 712 PS im Quali ein: Damit war die magische Literleistung von 200 PS überschritten.
Die Formel 1 produzierte Reifen-Kriege, Elektronik-Kriege, Stallkriege, 1991 tobte der Sprit-Krieg. Elf produzierte 50 verschiedene Sorten für Renault und es kam vor, dass der Destillationsprozess einer ganzen Raffinerie umgestellt wurde, um ein paar Liter Racing-Sprit zu brauen.
Die zwischenmenschlichen Beziehungen unter den Piloten verflachten dramatisch, mit dem großen Geld wuchs der Erfolgsdruck, das Wettrüsten erzeugte Feindbilder.

1992 war die computergesteuerte aktive Radaufhängung ein wesentlicher Bestandteil für die Überlegenheit der Williams und für den Titel von Nigel Mansell.
Im High Tech Wettlauf brachte TAG-Electronic am McLaren MP4/7A das «drive-by-wire», das elektronische Gaspedal, ins Spiel. Ohne Computer konnte kein Bolide mehr aus der Boxenstrasse fahren.
«Ohne Fahrer zum Glück auch nicht» ätzte Nigel Mansell.
Wie ein Komet war Michael Schumacher in die Formel 1 gekommen, er versengte sofort die großen Stars wie Senna und Mansell, im 18.Grand Prix seiner Karriere, wurde er in Belgien 1992 Sieger.
1993 kämpfte die Formel 1 ums Überleben. Sie war zu teuer geworden, Sponsoren wie Camel und Canon stiegen aus.
«Wir wollen eine Fahrer-WM und keine Computer-WM» predigte Max Mosley und der noch lebende Juan Fangio gab ihm recht.
1994 passierte in Imola der Supergau: Ratzenberger und Senna starben. Karl Wendlinger fuhr in Monaco ins Koma. Benetton wurde einer illegalen Software verdächtigt, Michael Schumacher zog sich den Künstlernamen «Schummel-Schumi» zu. Die Ingenieure der Formel 1 hatten illegale Programme genial und unkontrollierbar in die Tiefen der Software geschmuggelt.
Nach dem Wendlinger-Crash stutzte Max Mosley der Formel 1 im wahrsten Sinne des Wortes die Flügel. Niemand wollte abrüsten, doch Mosley setzte sich durch, und bis heute haben seine Sicherheits-Kampagnen die Autos und Rennstrecken neu definiert. Das blutrünstige Image der Grand Prix Rennen begann zu verblassen.
Längst werden Formel 1 mittels Design-Software konstruiert, und nur die alten, weisen Gurus wie Adrian Newey, Gustav Brunner und Rory Byrne konnten sich nie ganz von ihrem geliebten Reißbrett trennen.
Bis auf Motor und Reifen wird ein Formel 1 von seinem Design-Team mittels CAD/CAM konstruiert, das System hielt 1988 erstmals Einzug in das Wettrüsten.
Mittels CAD werden die Design-Stufen definiert, Struktur-Analysen werden mit CAE gemacht, CAM steuert die Maschinen zur Fertigung der Teile.
Die Formel 1-Abteilungen von BMW und Renault verwenden die schnellen Computer-Rechenprogramme wie sie der Serienentwicklung zur Verfügung stehen.
Für große Revolutionen erlaubt das Reglement keine Freiräume mehr. Die Reglements der letzten 25 Jahre hatten immer nur einen Schwerpunkt: die Rekordjagd einzubremsen. Aus Revolutionen wurden Evolutionen.
Mit dem Einstieg der großen Autowerke wurden unglaubliche Ressourcen in die Formel 1 gepumpt, das Wettrüsten erreichte einen Punkt, wo die Nutzen-Kostenrechnung selbst für die Sieger nicht mehr stimmte.
BMW, Ferrari und Honda powerten sich auf einen Gipfel, wo 900 PS und 19.000 U/min. in die Auslage gestellt wurden.
Gleichzeitig brach eine jahrelange Ferrari Dominanz über die Formel 1 herein, wie sie in der Geschichte ohne Parallelen ist. Ferraris Erfolgspyramide, erbaut von Jean Todt mit militärischer Disziplin und den besten Schlüsselspielern der Vollgasbranche, obenauf mit einem Schumacher, zwang die Konkurrenz zum Umdenken mit total neuen Strukturen.

Nürburgring 1957: Juan Manuel Fangio fuhr auf Maserati sein größtes Rennen und wurde zum fünften Mal Weltmeister

Zandvoort 1959: Zwar gewann Jo Bonnier auf BRM vor Jack Brabhams Cooper, doch die Tage der Frontmotor-Autos waren gezählt.

Dazu kam der Reifenkrieg Bridgestone gegen Michelin, der den Gummi-Faktor zur entscheidenden Stellschraube der Zeitvernichtung machte.
Immer stärker geriet die oberste Spielklasse in die Geiselhaft ihres Concorde Abkommens.
Die Elektronik ist ein Kapitel, das für die Reglement-Polizisten der FIA schwer kontrollierbar blieb. Die Sensoren eines Fahrers reichen längst nicht mehr aus, um ein komplexes Formel 1 Auto zu analysieren. Rund 120 Sensoren senden an die 6000 Parameter aus Chassis, Motor und Reifen per Telemetrie an die Box, pro Auto werden pro Runde 50 Megabyte an Daten in Echtzeit übermittelt. Das sind 3.5 Gigabytes pro Auto in jedem Rennen, die auf fünf CD-Roms gespeichert werden. Würde man diese Infos auf ein A4 Blatt schreiben, ergäbe der Papierstoß eine Höhe des Empire State Buildings ...
Formel 1-Autos können innerhalb von 143 m in 2,6 Sekunden aus 350 km/h auf 100 km/h abgebremst werden, dabei tritt eine negative Beschleunigung von maximal -5,6 g auf.
Hatte Fangio noch einen Bremsweg wie der Orientexpress, so reicht dieser Bremsweg heute kaum aus, um noch Überholmanöver einzuleiten.
In nur 4,8 Sekunden beschleunigt ein Formel 1 von 100 auf 280 km/h, dabei saugt er eine Distanz von 280 m unter sich weg.
Die Gehirne der Formel 1 mögen Einbahn-Gehirne sein, aber sie sind brillant und scharf, erfinderisch, egozentrisch, visionär, kriegerisch, kompetent und flexibel, wie man sie kaum in einer anderen Wettbewerbs-Arena findet.
Daher muss man ihnen ständig neue Limits geben, ansonsten würden sie in ihrer Eroberung des Sinnlosen Autos erfinden, die auf den Geraden Tempo 400 fahren.

Bernie Ecclestone würde jetzt unsachlich einwerfen, dass Tempo 400 ja schon vor dem Krieg gefahren wurde. Von den deutschen Silberpfeilen auf der Autobahn.

47

Vertragsunterzeichnung 1987: Enzo Ferrari mit Michele Alboreto und Gerhard Berger

3

Enzo Ferrari

Es gibt viele große Namen in der Geschichte des Automobils: Gottlieb Daimler, Carl Benz, Bentley, Rolls, Ettore Bugatti, Ferdinand Porsche, Henry Ford. Doch ein Name überstrahlt sie alle: Enzo Ferrari.

Man muss sich nur der Spannweite dieses Leben bewusst werden, das an einem schneereichen, bitterkalten Februartag des Jahres 1898 begonnen hat.
Als Enzo Ferrari geboren wurde, steckte das Auto in den Kinderschuhen. Es blubberte noch als motorisierte Pferdekutsche dahin. Als er fünf war, erhoben sich die Gebrüder Wright zum ersten Motorflug. Während seines langen, langen Lebens wurde nahezu alles erfunden, was uns heute als Selbstverständlichkeit erscheint. Enzo Ferrari erlebte zwei Weltkriege, die Landung auf dem Mond, er war schon ein stattlicher Mann als der Stummfilm vom Tonfilm abgelöst wurde. Und hätte es kein Fernsehen gegeben, so wäre er noch viel einsamer gewesen.
Er wollte Opernsänger werden und wurde Rennfahrer. Er war kein schlechter

Rennfahrer, aber er wurde ein viel besserer Rennstallchef. Für Enzo Ferrari war Rennfahren noch ein wildes, verwegenes Abenteuer. Eine Reise zur Targa Florio nach Sizilien hört sich wie eine Geschichte von Jack London an. Enzo Ferrari kämpfte gegen Wölfe. Sein Gewehr lag neben der Werkzeugkiste. Er fuhr seine Rennen auf Staubstraßen, er flickte sich die defekten Reifen selber, seine Scheinwerfer waren Karbid-Lampen. Er war ein sehr dominanter Typ, in einer Gesprächsrunde riss er die Fäden an sich.
Sehr früh wurde er in den Rennen mit dem Tod konfrontiert. Viele seiner Zeitgenossen erschlugen sich in den hochbeinigen Boliden, mit denen man auf unbefestigten Straßen zwischen Zuschauermauern hindurchjagte. Das hat ihn geprägt, er war ein Pionier und es war kein Wunder, dass er gerade noch Strohballen als Streckensicherung gelten ließ. Aber Leitschienen, Fangnetze und Sturzräume, und schon gar nicht die in den 80er Jahren in Mode gekommenen, billardbrettebenen Rennstrecken, passten in seine Welt. Was er wohl zu Sepang und Bahrein gesagt hätte, kann man sich ausmalen.
1932 beendete er seine Rennfahrer-Karriere, seine Frau Laura schenkte ihm einen Sohn: Alfredino.
Diesem Dino galt seine ganze Liebe. Dino wurde Automobil-Ingenieur.
Vielleicht sollte man eines klar stellen: Enzo Ferrari war kein Konstrukteur. Er hatte ein großes technisches Wissen und Gespür, er wusste um die technischen Zusammenhänge, aber er war kein Konstrukteur, der sich ans Reißbrett stellte und ein Kurbelgehäuse oder eine Hinterachse berechnen oder zeichnen konnte.
Er ließ konstruieren.
Zwischen den beiden Kriegen setzte seine Scuderia Ferrari für Alfa Romeo die Rennwagen ein. Genauer: zwischen 1929 und 1938. Dann trennte er sich von Alfa. Es gab einen größeren Streit mit dem Alfa-Direktor Ugo Gobbato, der einen spanischen Konstrukteur namens Wilfredo Ricart einstellen wollte. Aber das allein war es nicht. Alfa Romeo wollte 1938 wieder unter eigenem Namen Rennen fahren.
Ferrari ging daraufhin seinen eigenen Weg. Er wusste alles über Autos und Rennen. 1939 schon begann er mit dem Bau von eigenen Rennautos. Er hatte eine Firma gegründet, die sich «Auto Avio Construzioni» nannte, in der Viale Trento Trieste in Modena. Ferrari ließ von Alberto Massimino einen Achtzylinder, den Tipo 815 bauen, für einen jungen Mann namens Alberto Ascari, dessen Vater Antonio schon ein berühmter Rennfahrer war.
1943 erwarb Ferrari ein Grundstück in Maranello. Auf diesem Fleck entstand dann nach und nach seine Fabrik. Im Krieg arbeitete man bei Ferrari an Spezial-Aggregaten, etwa an Getriebeteilen für Landungsboote.
Enzo Ferrari war schon damals ein Mensch, der seine engste Umgebung nicht gerne verließ. Er verhandelte stets über Mittelsmänner, potentielle Geschäftspartner mussten bei ihm in Maranello antreten. Nie fuhr er selbst irgendwohin um Verhandlungen zu führen.
Die Rennpremiere eines Ferrari-Rennwagens fand am 11.Mai 1947 in Piancenza statt. Franco Cortese und Nino Farina waren auserwählt die kaum 100 PS starken 1.5 Liter V-12 Zylinder Rennspider vom Typ 125S zu fahren. Farina hatte im Training zwei Unfälle, obwohl sein Auto repariert wurde, wollte

er im Rennen nicht mehr starten. Das Auto von Cortese zog eine lange Ölfahne nach, trotzdem lag die «rote Rakete», wie Tageszeitungen schrieben, nach 20 Runden in Führung. Drei Runden vor Schluss führte Cortese bereits mit 25 Sekunden Vorsprung, als ihn eine defekte Benzinpumpe eliminierte.
Enzo Ferrari kommentierte den ersten Einsatz in seinen Memoiren mit den Worten: «Ein vielversprechender Fehlschlag.»
Doch bereits beim zweiten Start, am 25.Mai im Grand Prix von Rom, führte Cortese den Ferrari-Roadster zum ersten Sieg.
Niemand hätte gedacht welchen Aufstieg diese Marke nehmen würde, die ein springendes, schwarzes Pferd auf gelbem Grund als Wappen führte. Das Wappentier hatte Enzo von dem Jagdflieger Francesco Baracca aus dem ersten Weltkrieg übernommen. Und Gelb war die Farbe von Modena. Der italienische Jagdflieger war ein Held. Er hatte 15 Österreicher abgeschossen. Aber das hat die Beziehungen zwischen Enzo Ferrari mit Niki Lauda und Gerhard Berger nie wirklich belastet ...
Die ersten Ferrari-Motoren litten an der Materialknappheit, die nach dem zweiten Weltkrieg auch in Italien herrschte. Enzo plädierte für zwölf Zylinder. Zwölf Zylinder wurden für ihn zur Religion. Man sagt, er war dem Zwölfzylinder verfallen seit er bei Packard ähnliche Motoren gesehen hatte.
Die Konstrukteure hatten es bei ihm nicht leicht. Von Lampredi und Colombo über Mauro Forghieri bis John Barnard. Enzo drängte ihnen seinen Willen auf. Er zwang sie oft auf die Straße des Erfolges, oder in eine Sackgasse. Er quetschte seine Mitarbeiter bis aufs Blut aus. Wer für Ferrari arbeitete, war mit der Firma Tag und Nacht verheiratet. Enzo war eine Autorität, seine Mitarbeiter buckelten vor ihm.
1952 bestand das Ferrari-Team aus Alberto Ascari, Piero Taruffi und Nino Farina. Ascari wurde Weltmeister.
Ascari auf Ferrari: Diese Kombination siegte wo immer sie im Einsatz war.
Die Weltmeisterschaft der Jahre 1952/53 war für Formel 2 Rennwagen ausgeschrieben und Ascari wurde nach einem Tazio Nuvolari, den Enzo für den größten Fahrer aller Zeiten hielt, der neue Nationalheld von Italien. Und Ferrari war der Mann hinter seinen Siegen.
Als Alberto Ascari 1955, einige Tage nachdem er beim Monaco-Grand Prix mit seinem Lancia in das Hafenbecken geflogen war, in Monza den privaten Ferrari-Sportwagen eines Freundes probieren wollte, verunglückte er tödlich. Gianni Lancia übergab daraufhin das Potential seines Rennstalles mit dem D50 Seitentank-Rennwagen an Ferrari.
Enzo spielte damals schon mit dem italienischen Nationalstolz. Er sprach immer wieder von der «Bürde», die auf seinen Schultern ruhe, und es gelang ihm von Fiat die ersten Subventionen loszueisen
Der Tod von Ascari mag für Enzo Ferrari bitter gewesen sein, aber er war nur der Anfang einer Allee von Grabkreuzen, durch die er mit seiner Marke durch musste. Und es waren die Sternstunden und Katastrophen die den Ferrari-Mythos schufen. Und es war «vor allem Enzo selber, der zu diesem Mythos den entscheidenden Beitrag leistete» wie Niki Lauda überzeugt ist.
Ferraris Rennsportwagen waren käuflich. Sie waren die teuersten und schnellsten Autos. Wer Geld hatte, fuhr Ferrari. Nicht nur die Profis starben,

10. September 1961: Graf Wolfgang von Trips entert in Monza seinen Ferrari. Minuten später war er tot.

Enzo Ferrari Ende der 60er Jahre in Monza: mit seinem Technik- Genie Mauro Forghieri

auch viele Privatfahrer, Herrenfahrer, die nicht das Können und Talent hatten auf diesen faszinierenden Instrumenten zu spielen.
Ferrari, so sagte man, sei ein Motor, an dem man bloß Räder dranhänge. Der Motor war Enzo seit jeher alles. Er ließ ständig immer neue Motoren entwickeln, mit immer neuen Hubräumen, mit zwei und vier obenliegenden Nockenwellen, mit riesigen Vergasern, Ferrari-Motoren erreichten sagenhafte Drehzahlen und die eigene Gießerei wurde das Herzstück des Werks. Die Autos aus Maranello hatten die Grazie von Primadonnen, und sie waren auch genauso launisch und kapriziös.
Könige, Fürsten, Filmstars, Sportler, Playboys, Gauner und Industrielle wurden von der Aura der Ferrari-Sportwagen in Bann gezogen: geduckte, meist rote Biester, mit laut röhrenden Zwölfzylindermotoren. Zu einer Zeit, wo ein normaler PKW 130 km/h Spitze lief, konnte man sich mit einem Ferrari mühelos auf 230 km/h schießen.
Ferrari wollte immer die besten Fahrer in seinem Team haben. Ferrari bestritt jahrelang nicht nur Grand Prix-, sondern auch alle Sportwagen-Rennen um die Marken-Weltmeisterschaft. Maranello trieb einen riesigen Aufwand, Ferrari wurde zur Radnabe des Autorennsports. Wer für Ferrari fuhr, war ein Gott.
Nehmen wir das Jahr 1956: Fangio, Castellotti, Musso, Collins, Gendebien und De Portago bildeten das offizielle Ferrari-Werksteam. Fangio war der große Meister, vor dem sich alle verneigten. Musso und Castellotti stritten um den Ruhm des besten Italieners, ihr gnadenloses Prestige-Duell bezahlten sie mit dem höchsten Preis, mit ihrem Leben.
1957 und 1958 waren die Katastrophen-Jahre für das springende Pferd.
Castellotti starb im März 1957 im Autodrom von Modena. Jean Behra hatte auf Maserati – und das war Ferraris Erzfeind – einen neuen Rundenrekord aufgestellt. Sofort beorderte Enzo den Castellotti nach Modena. Die Sage erzählt, Castellotti kam direkt aus dem Bett seiner Geliebten, der italienischen Filmschauspielerin Delia Scala, und er war nicht in bester Verfassung, als er den Auftrag bekam: unterbiete die Bestzeit von Maserati.
Castellotti probierte es wie befohlen und verunglückte in einer kaum 90 km/h schnellen S-Kurve, die er jedoch viel zu schnell anfuhr, tödlich. Offenbar klemmte die Schaltung und er konnte nicht mehr zeitgerecht zurückschalten.
Wenige Wochen später starb Alfonso de Portago in der Mille Miglia.
Am 6.Juli 1958 verunglückte Luigi Musso in Reims, am 3. August starb Peter Collins am Nürburgring. Sie starben jeweils in der elften Runde des Rennens ...
Das Vatikan-Blatt «Osservatore Romano» bezeichnete Enzo Ferrari «als «Industrie-Saturn, der weiterhin seine eigenen Söhne verschlingt.»
Der Verschleiß an Menschen war bei Ferrari immer sehr hoch. Der Commendatore brachte sie soweit, dass sie auf dem Ferrari-Altar alles opferten, die Fahrer mitunter ihr Leben. Er baute Druck auf, manipulierte sie, spielte sie gegeneinander aus. Phil Hill erinnert sich über die verhängnisvolle Saison 1961, in der Ferrari ein überlegenes Auto produzierte: «Wolfgang Trips und ich gingen zum Alten und sagten, was wir machen sind Selbstmordversuche. Wir werden uns gegenseitig umbringen, wenn Sie nicht einschreiten. Bestimmen Sie, wer von uns Weltmeister werden soll.

Doch der Alte lachte nur und wie die Sache ausging ist Geschichte. Taffy Trips starb in Monza ...»

Der Alte. Er ließ sie alle warten, die vielen Fahrer, die an seine Tür klopften. Jochen Rindt saß einmal zwei Stunden in Maranello, und er kochte vor Wut, bis er endlich eine Audienz bekam. Mit dem langen Warten zermürbte Enzo seine Gesprächspartner, Bittsteller machte er auf diese Weise gefügig.

«Er war eine Persönlichkeit», erinnert sich Niki Lauda, «wie man kaum eine zweite finden wird.»

Er war ein Diktator. Hart wie Granit, unerbittlich. Und er hatte mit dieser Masche Erfolg. Er spielte virtuos mit Menschen, Maschinen und Medien. Man nannte ihn den Auto-Papst.

Ich habe ihn selber noch erlebt, wie er in seinem alten Arbeitszimmer in Maranello saß. Unter dem Bild seines 1956 an Nierenversagen verstorbenen Sohnes Dino brannten Tag und Nacht zwei Kerzen, wie zwei ewige Lichter. Das Büro war eine düstere Gruft. Da war sein Büro in Fiorano, wo er zuletzt agierte, viel freundlicher. Blaue Tapeten und ein riesiges Fenster. Enzo hinterm Schreibtisch, mit Sonnenbrille und spröder Stimme. Seine Sekretäre entfernten sich im Rückwärtsgang aus diesem Raum.

Er war einsam wie eine Perle in einer vergessenen Auster. Mit zunehmendem Alter hat er sich immer mehr abgekapselt. Nur ein paar Leute standen ihm jeweils nahe, wobei mit «nahe» nicht die menschliche, sondern eine räumliche Distanz ausgedrückt wird. In Wahrheit war er unnahbar. Seine Liebe galt nicht den Menschen, sondern der Maschine. Er war gewissermaßen der Scrooge aus der berühmten Weihnachts-Geschichte von Charles Dickens.

Niki Lauda hat Enzo Ferrari «weder geliebt, noch bewundert, noch insgeheim gehasst. Er war eine Respektsperson, die Unglaubliches geleistet hat. Ein Mensch mit Höhen und Tiefen, wie jeder andere der Erfolg haben will. Er war sehr egoistisch, er verfolgte seine Ziele ohne Rücksicht auf Verluste. Auf der anderen Seite, hatte er ein großes Herz. Er war ein sehr emotioneller Mensch, er war für mich eine Person, von der ich froh war, dass ich sie kennen gelernt habe.»

Dieses «Kennen Lernen» war besonders bei den Gehaltsverhandlungen sehr spannend.

Als Niki für 1974 seinen ersten Ferrari-Vertrag unterschrieben hat, bekam er «eine Million Schilling. 1975 war ich dann der aufgehende Stern, ich hatte zwei Grand Prix gewonnen und so konnte ich es wagen mein Salär auf 5 Millionen Schilling zu treiben, was damals ein Spitzenwert war. Wäre es nach dem alten Enzo gegangen, hätten wir nur Spaghetti und Lasagne gekriegt, denn der Alte war nicht nur ein Geizhals, sondern er machte eine große Ehre daraus, wenn jemand für ihn fahren durfte. Als Enzo meine 5 Millionen Schilling-Forderung durch seinen Chefbuchhalter Della Casa auf einem Taschenrechner in Lire umrechnen ließ, gingen dem Rechner die Nullen aus und der Alte hat mich nur noch niedergebrüllt. Er hat mich beschimpft, einen Juden geheißen, der um sein Geld feilscht. Sein Sohn Piero spielte Dolmetscher, und im Gebrüll seines Vaters hat er sich nicht mehr getraut, meine Worte weiterzugeben ...»

In der Diktatur des Enzo Ferrari blieb die Zeit stehen.

Die englischen Teams bestimmten die technischen Trends in der Formel 1, nach dem letzten WM-Titel im Jahre 1979 durch Jody Scheckter, kamen für die Roten die Jahre der Dürre. Ferrari verschlief die wichtigsten Entwicklungen, der Verschleiß an Menschen wurde immer größer, Ferrari war ein Intrigantenstadel ohne Strategie und Stabilität.
John Barnard kam 1987 als technischer Direktor. Seit geraumer Zeit wusste man: Enzo ist todkrank. Krebs. Nach dem Imola Grand Prix hatte der todkranke Mann noch einmal getobt, dass es im ganzen Haus zu hören war, wie Gerhard Berger zu erzählen wusste, denn seine Rennautos waren ausgerechnet auf der Ferrari-Hausstrecke wieder einmal auf der Kriechspur des Erfolges herumgekrebst.
Der greise Commendatore tobte gerne und oft, doch man musste sich längst fragen: War er noch der Herr im Haus? Wer regierte Ferrari in diesen Jahren wirklich?
Längst war der alte Mann abgeschirmt von der realen Welt.
Als ich ihn im März 1987 in einer Audienz besuchen durfte, erschien er mir wie eine verblichene Ikone.
Wochen später hatte er mit Fiat zusammen begonnen die Weichen für das Nachher zu stellen. Sein Sohn Piero wechselte in die Sportwagen-Produktion, Fiat-Ingenieure besetzten die strategisch wichtigsten Posten in der Rennabteilung. John Barnard kam gegen den Willen des Alten als technischer Direktor an Bord. Im April 1988 hatte Fiat-Boss Ghidella von Enzo Ferrari dessen 40 Prozent-Anteile für umgerechnet 175 Millionen Schilling gekauft, die er dann für 980 Millionen Schilling an Fiat verhökerte. Der Mythos als Spekulations-Objekt - das war eine neue Variante im Spiel um die Enzo Ferrari-Nachfolge. Obendrein war es zu einer Kündigungswelle gekommen, als Ghidella einen Schwall Fiat-Leute in den Rennstall einschleuste.
John Barnard hatte bereits den Österreichischen Konstrukteur Gustav Brunner abserviert. Harvey Postlethwaite, ein erklärter Barnard-Feind, kündigte. Als Enzo Ferrari in den letzten Zügen lag, war auch klar, dass die Tage von Rennleiter Marco Piccinini gezählt waren, der als sein intimster Einflüsterer galt.
Am 14. August 1988 starb Enzo Ferrari.
Im November 1991 übernahm Luca di Montezemolo von Piero Fusaro den Schleudersitz des Präsidenten. «Ferrari» konstatierte Montezemolo, «ist ein Monster, wir müssen es zähmen und regierbar machen.»
1992 kehrte John Barnard als Chefdesigner zurück. Im Februar 1993 fehlten dem Ferrari-Piloten Gerhard Berger bei den Estoril-Tests 5 Sekunden auf die Spitzenautos.
Im Juli 1993 kam Jean Todt von Peugeot als neuer Rennstall-Direktor nach Maranello.
Jean Todt rührte um, strukturierte um, in kleinen Schritten wurde Ferrari besser, doch von Gerhard Berger ist der Ausspruch überliefert: «Ferrari zahlt mir eine Riesenmarie, dass ich mir das alles gefallen lasse ...»
Zum Beispiel das, was ihm beim Portugal-Grand Prix im September 1993 widerfuhr. Nach einem Reifenwechsel im Rennen bog sein Ferrari am Ausgang der Boxenstraße völlig absurd um 90 Grad nach links in die Zielgerade

ab, wo er zwischen den mit 300 km/h daherfliegenden Konkurrenten zum Geisterfahrer wurde.
Nach dem Rennen versuchte der Ferrari-Pressesprecher, nach alter Secret-Service-Manier, diese Wahnsinnsaktion als einen Fahrfehler von Berger darzustellen. In Wahrheit passierte folgendes: Das computergesteuerte Chassis war auf die neu asphaltierte, glasplattenebene Boxenstraße programmiert gewesen. Mit den Bodenwellen am Ende der Boxenstraße hatten die Programmierer nicht gerechnet. Als Berger sich mit 210 km /h darüber hinweg ins Rennen zurück katapultieren wollte, setzte er mit der Bodenplatte auf, alle vier Räder waren in der Luft und als plötzlich am linken Hinterrad total einseitig, schlagartig Traktion einsetzte, war Berger nur noch Passagier. Der Ferrari bog nach links ab, entgegen der Fahrtrichtung.
Gerhard Bergers weltmeisterliches Gehalt war größtenteils als Schmerzensgeld zu verstehen.

Erst als Michael Schumacher 1996 zu Ferrari stößt und Jean Todt seine Techniker-Riege beisammen hat, waren die wilden, wenig ruhmreichen Ferrari-Jahre zu Ende.

Mille Miglia 1957: Alfonso De Portago am Start in Brescia ...

4

De Portagos Himmelfahrt

Er war der coolste Hund, der je einen Sturzhelm trug. So verrückt wie er lebte, war sein Abgang. Sein Leben und Sterben liefern uns ein Sittenbild, wie es anno 1957 bei Ferrari zuging.

Der Ferrari war im höchsten Gang und die zwölf Zylinder schoben immer noch an. Die Nadel am Drehzahlmesser hakte die Siebentausendermarke ab und zitterte im vierten Gang weiter nach oben. Menschenspaliere verwischten zu Mauern, Alleebäume wurden zu Gartenzäunen komprimiert.
Don Alfonso Cabeza de Vada y Leighton, Carvajal y Are, Conde de la Mejorada Marquis de Portago fuhr einer drohenden Blamage davon.
Tage vor dieser Mille Miglia am 12.Mai 1957 hatte Enzo Ferrari eines seiner diabolischen Schachspiele inszeniert.
Ursprünglich sollte der Belgier Olivier Gendebien den großen 4,1 Liter Rennsportwagen 335S fahren (Luigi Musso hatte sich krank gemeldet) und Portago den 250GT, doch plötzlich disponierte der Commendatore um. Er tauschte die Piloten. Dabei spielte er sie gegeneinander aus. Gendebien war wütend, weil

er den 335S nicht fahren durfte, doch Enzo handelte nicht aus purer Laune, sondern mit eiskalter Berechnung, und sein Schachspiel machte erst Sinn, als er einen Begleittext anbrachte.

«Ist doch egal, was du fährst», sagte er zu Portago, «Gendebien wird dich auch mit dem GT verblasen.»

Für den Spanier war das eine zynische Provokation - und zugleich das Todesurteil.

Gendebien erinnerte sich, dass nach dem Fahrertausch Portago ihm gegenüber Enzo Ferrari als «Scheißkerl» bezeichnet hatte.

Der 335S war Kaliber Magnum, die schärfste Waffe, die Ferrari abschießen konnte. Angesichts des 4,5 Liter Maserati, den Stirling Moss an den Start brachte, hatte Maranello den Viernockenwellen-Zwölfzylinder bis 4,1 Liter aufgebohrt, bei 7800 U/min standen fast 400 PS zur Verfügung, auf den langen Geraden wurde bei diesem Straßenrennen durch Italien Tempo 300 erreicht.

Ferraris 250 hingegen war ein Grand Tourismo, immerhin der schnellste seine Art, und Gendebien hatte obendrein einen Experimental-Zwölfzylinder drinnen, einen 3-Liter, der ein Vorgriff auf den späteren Testa Rossa Motor war.

Alfonso de Portago stand bei der Mille Miglia 1957 unter zweifachem Druck. Einerseits musste er sich von Gendebien absetzen, andererseits, und diese Geschichte erzählte Graf Trips, hatte Enzo dem Spanier für den Monaco Grand Prix einen Formel 1 Start in Aussicht gestellt, wenn er seinen Befehl befolgte. Und der hieß: Vierter werden in der Mille Miglia und damit den von Ferrari gewünschten Einlauf Taruffi – Collins - Trips abzusichern.

In diesem Spagat zwischen Rache-Nehmen an Enzo und Gendebien, aber dennoch auf Nummer sicher fahren, leistete sich Portago am Kontrollpunkt in Rom eine Szene, die ihn unsterblich machte.

Obwohl ihm Gendebien im Nacken saß und er sich nur einen minimalen Vorsprung mit dem stärkeren Auto herausgefahren hatte, vergeudete er dieses bisschen Zeit, um mit seiner Freundin, dem Hollywood-Star Linda Christian, öffentlich in den Clinch zu gehen: Er blieb dabei im Auto hocken, zog sie aber zu sich ins Cockpit, umarmte sie und küsste sie lang, innig, leidenschaftlich.

Das war Alfonso de Portago.

Niemand sonst hätte sich das getraut, ein Ferrari-Werkspilot schon gar nicht, der musste mit Repressalien seitens des Alten rechnen.

Alfonso gab eine abenteuerliche Figur ab, unrasiert saß er hinterm Lenkrad, und sehr ernst, als würde er diese Himmelfahrt vorausahnen.

Tatsächlich soll es einen Brief von ihm an eine Freundin geben, in dem er schrieb: «Wie du weißt, wollte ich zuerst nicht an der Mille Miglia teilnehmen. Dann sagte Enzo Ferrari, ich müsse es tun. Das heißt, dass ich vielleicht schon am nächsten Sonntag jung sterben werde.»

In Rom hatte er eine Zwischenzeit von 5 Stunden 17 Minuten und 43 Sekunden, damit war er, wie vom Commendatore befohlen, Viertschnellster, aber gegen den um 74 Minuten vor ihm in Brescia gestarteten Gendebien hatte er bloß knapp zwei Minuten Vorsprung herausfahren können. Es war ein Duell, bei dem man den direkten Gegner nie zu Gesicht bekam, was eine latente Panik erzeugte.

Enzo war ein Meister des gezielten Psychoterrors, er konnte seine Fahrer zur

Überschreitung eines letzten Umkehrpunktes manipulieren. Diese Strategie schien auch diesmal aufzugehen, sowohl bei Gendebien als auch Portago.
Die gnadenlose Rivalität sorgte bei Ferrari in jenen Jahren dafür, dass sich das Team nahezu selber ausrottete.
Peter Collins im zweiten 335S, mit dem Fotografen Louis Klemantaski am Nebensitz, war mit 5:03:11 in Rom Schnellster gewesen, Piero Taruffi im 315S (3,8 Liter) war mit 5:08:38 Zweitschnellster, Wolfgang Trips im zweiten 315S war mit 5:12:31 Drittschnellster, De Portago Vierter vor Gendebien im GT-Ferrari.
Taruffi und Trips fuhren solo, neben Portago saß sein Freund Edmund Gurner Nelson, 42. Nelson war ein ehemaliger Profi-Boxer und dann Aufzugwärter im New Yorker Plaza Hotel, wo Portago ihn aufgegabelt hatte. Nelson brachte seinen neuen spanischen Freund zum Bobfahren nach St. Moritz. Bei der ersten Talfahrt unterbot Portago den bestehenden Bahnrekord des Schweizer Meister um 15 Sekunden. Eddie Nelson wurde sein Leibwächter, Hausdiener und Sekretär. Für ein Rennen in Monthlery musste er einmal den Ferrari 250 seines Chefs qualifizieren, weil dieser noch mit einer Eroberung im Bett lag.
Mit 17 besaß der 1928 geborene De Portago den Flugschein. 1951 und 1952 war er der beste Amateur-Reiter der Welt; im Britischen Grand National, wo es über die weitesten Gräben und höchsten Hindernisse ging, fühlte er sich besonders wohl. Aber dann setzte er Gewicht an und gab die Reiterei auf.
Arbeiten musste er nie. Seine Mutter Olga Martin-Montis wachte über das beträchtliche Familienvermögen, dessen Wurzeln bei General Electric in den USA lagen. Ihr erster Mann, Frank J. Mackey, war ein Bankier aus Chicago, nach dessen Tod wurde sie die Marquise de Portago.
1949 heiratete «Fon», wie ihn die Vollgasbranche später nannte, Carol McDaniel, eine wunderschöne Frau, die ihm zwei Kinder schenkte, Antonio und Andrea.
Er war der Prototyp eines Playboys, der seine Frau nach Strich und Faden betrog, aber eine Scheidung kam nie in Frage, denn er war Spanier und Katholik.
In seinen Adern floss Piratenblut. Im 16.Jahrhundert war Cabeza de Vaca an der Küste Floridas gestrandet. Er marschierte nach Mexiko-City und rekrutierte auf dem Weg eine ganze Armee. Die meisten von De Portagos Vorfahren waren Eroberer, Kämpfer und immer auf Beutezügen unterwegs. Sein Großvater war Filmschauspieler, im Casino von Monaco soll er einmal die Bank gesprengt haben. Alfonso XIII., der letzte König von Spanien vor dem Krieg, war sein Taufpate.
«Ich bedaure es tief, dass ich nicht im 17. Jahrhundert lebte» hörte man von Portago.
Die Frau seines Ferrari-Teamkollegen Peter Collins, eine Schauspielerin, beschrieb Portago «als faszinierenden Charakter, den ich nicht auf jene Art und Weise attraktiv fand, wie Taffy Trips, Gendebien oder Bonnier. Alfonso war rau, ungepflegt, trotzdem schleppte er alles an Frauen ab, was erhältlich war oder ihm unnahbar schien. Dabei wusste keine von der Existenz der anderen. Wie er da noch Zeit zum Rennfahren fand, war mir schleierhaft.»
1953 hatte er sich von Luigi Chinetti auf dem Pariser Autosalon zur Teilnahme an der Carrera in Mexiko überreden lassen. Portago: «Ich saß neben Chinetti als Ballast. Er war ein guter Fahrer, doch ich war weiß vor Angst. Am zweiten

... beim Zwischenstop in Rom ...

... das Ende in Guidizolo.

65

Tag brach zum Glück der Ferrari zusammen. Von diesem Tag an wusste ich, das und nichts anderes will ich auch.»
Er kaufte sich sofort einen 3-Liter Ferrari, damals ein kaum erschwingliches Auto, aber die Familienkasse war prall gefüllt. Wäre er dazu nicht in der glücklichen Lage gewesen, «so hätte es fünf, sechs Jahre länger gedauert, bis ich ins Ferrari-Team gekommen wäre.»
Mit Harry Schell meldete er sich 1954 für das 1000 km Rennen von Buenos Aires an. Er war nicht nur ein Newcomer, er war ein Stümper. Er konnte nicht einmal schalten, weil er privat nur amerikanische Straßenkreuzer mit Automatik chauffierte.
Dem damaligen Star-Schreiber Ken Purdy verriet Portago seine erbärmlichen Anfänge: «Harry Schell war in Buenos Aires nicht gewillt, mir das Schalten und Kuppeln beizubringen, denn er wollte verhindern, dass ich überhaupt zum Fahren komme. Nach 60 der 101 Runden war er aber so k.o., dass ich ihn ablösen musste. Aber nach meiner dritten Runde stand Harry mitten auf der Rennstrecke und winkte mich mit Drohgebärden an die Box, denn ich war mit unserem Auto vom zweiten auf den fünften Platz zurückgefallen. Wir, besser gesagt Harry, wurde noch Zweiter. Und der Maserati Chefmechaniker nahm sich nachher einen ganzen Nachmittag Zeit, um mir das Schalten beizubringen.»
1954 in Sebring verabschiedete sich die Hinterachse nach zwei von 12 Stunden. Nach dem Fahrkurs, den ihm der Maserati-Chefmonteur Bertocchi gegeben hatte, fühlte er sich verpflichtet, einen 2-Liter Maserati zu kaufen.
Mit Alessandro de Tomaso fuhr er damit in Le Mans. Sonntag Morgen wurden sie von einem Motorschaden gestoppt. Danach gewann er den Grand Prix von Metz, und mit einem 1,5 Liter Osca-Rennsportwagen tauchte er am Nürburgring auf.
Richard von Frankenberg, ein brillanter Journalist, Motorsport-Guru und schneller Porsche Werksfahrer, erinnert sich in seinem Buch «Mein geliebter Sport» über dieses Rennen am Nürburgring: «Ich bremse eine Rechtskurve an, ziehe den Wagen nach innen – man bleibt am Ende dieser Kurve ziemlich weit innen, um eine günstige Ausgangsposition für die folgende Linkskurve zu haben – und erschrecke furchtbar. In der Außenkurve, wenige Zentimeter neben mir, schiebt sich, ein paar Kilometer schneller als ich und in einem waghalsigen Powerslide, ein schwarzes Etwas vorbei. Mein Gott denke ich, das ist ja kein Porsche, das ist ja dieser schwarze Osca von diesem komischen Spanier. Ich fing an zu denken, was in solchen Situationen sehr unklug ist, weil man dadurch nicht schneller wird. Kurz vor der nächsten Kurve schob sich auch noch Huschke von Hanstein mit seinem Spyder an mir vorbei, um den schwarzen Osca zu verfolgen. Als sich Hanstein dann drehte, lag ich hinter dem Spanier. Als es das Bergwerk hinaufging, lag ich noch fünf Meter hinter Portago, der wirklich großartig fuhr, ich hatte keine Chance, vorbeizukommen. Dann stellte sich sein Osca quer, berührte innen die Grasnarbe, es gab eine Staubwolke, und ich sah genau, wie sich vor mir der Osca überschlug, und mit den Rädern nach oben im Graben landete.»
Portago, so sagten Zeitgenossen, war furchtlos und von einer gewissen Todessehnsucht überschattet.
1954 gewann er in Nassau bei der Bahama Speed Week, 1955 gab es einen

Crash in Silverstone, als er sich verschaltete. In Caracas wurde er neun Sekunden hinter Fangio Zweiter.
1956 war er im Ferrari-Werksteam.
Er siegte in der Tour de France, in Montlhery und Rom. In Caracas führte er vor Moss und Fangio, bevor eine Benzinleitung brach.
1956 fuhr er auch vier Formel 1-Rennen für Ferrari, in England wurde er Zweiter, und Stirling Moss reihte ihn bereits unter die Top-Ten der weltbesten Rennfahrer jenes Jahres ein.
Was er 1957 in Cuba rechtfertigte. Er lag vor Fangio in Führung doch dann riss wieder einmal die Spritleitung.
«Solange Fangio fährt» folgerte Portago, «kann niemand anderer Weltmeister werden.»
In Argentinien 1957 wurde er, sich mit Gonzales ablösend, hinter vier Maseratis Fünfter und damit bester Ferrari.
Als Jahrgang 1928 wollte er mit 35 aufhören, das wäre 1963 gewesen. Falls er den WM-Titel schaffen würde, war er gewillt, noch früher auszusteigen, um in die Politik zu gehen. Genau gesagt, wollte er Außenminister von Spanien werden.
Zu Autos hatte er nie eine innige Beziehung.
«Ich kenne mich nicht aus mit Autos», gestand er, «ich kann sie untereinander nicht einmal unterscheiden. Manchmal mache ich einen Kratzer irgendwo an einer versteckten Stelle, damit ich das Auto beim nächsten Mal wieder erkenne. Mich interessieren Autos überhaupt nicht. Sie sind Transportmittel, um von A nach B zu kommen.»
Entsprechend ahnungslos war er was die Technik betraf. Als er mit seinem Osca die Tour de France fuhr, begann der Motor zu stottern. Man riet ihm: «Schau dir doch die Kerzen an.» Portago schraubte sie raus und versuchte sie zu zerlegen ...
Jabby Crombac, der legendäre Journalist, der vor ein paar Jahren starb, erzählte mir 1997 eine Story, die zu Portagos Zeiten die Runde machte: «Im berühmten Albergo Reale in Modena, wo alle Rennfahrer logierten, gab es eines Tages kein Wasser. Portago sagte zu seinem Kumpel Harry Schell, «du kannst in mein Zimmer übersiedeln. Dass es auch dort kein Wasser gab, war Portago nicht aufgefallen, denn er pflegte sich nicht zu waschen.»
Moss heute: «Von ihm ging, sagen wir es milde, ein strenger Geruch aus ...»
Zurück zur Mille Miglia 1957.
Peter Collins fuhr das Rennen seines Lebens. In Pescara hatte er die Führung übernommen, bis Siena, über drei Viertel der Renndistanz, war er 161,99 km/h Schnitt gefahren. Damit hatte er gleichgezogen mit dem Sieger von 1955, Stirling Moss, der mit dem sensationellen Mercedes 300SLR bis Siena 160.62 km/h Schnitt erreicht hatte.
Am Futa-Pass tauchte die Mille Miglia in den Regen ein. Seltsame Geräusche im Antrieb beunruhigten die Besatzung des führenden Ferrari immer mehr. In Bologna lag Collins noch mit elf Minuten in Führung. In Parma, 200 km vor dem Ziel, gaben Collins/Klemantaski mit Differentialschaden auf.
Das Ende für Portago/Nelson braute sich aus mehreren Faktoren zusammen. Zwischen Cremona und Mantua resignierte an ihrem 335S der linke vordere

Stoßdämpfer, der Reifen bekam immer häufiger Kontakt mit der Karosse. Im Ferrari-Depot in Mantua wollten die Mechaniker die Vorderreifen wechseln, denn sie waren völlig abgefahren.
Portago protestierte kopfschüttelnd. Würde er jetzt wechseln, war das Privatduell gegen Gendebien entgültig verloren. In Bologna, wo Enzo Ferrari stand, hatte man ihm gesagt, dass Gendebien zeitmäßig bereits vor ihm lag.
Dabei hätte der Reifenwechsel kaum länger gedauert, als seine Kuss-Szene in Rom. Und er hätte mit dem Reifenwechsel nicht nur sein Leben gerettet, sondern auch das von zwölf Menschen.
Während Wolfgang von Trips auf den drei Minuten vor ihm gestarteten Taruffi aufzulaufen begann, spielte sich auf der langen Geraden, die das Dorf Guidizzolo hinzielte, das Drama ab.
Vierter Gang, Portago stand auf Vollgas. Die Nadel des Drehzahlmessers pendelte sich auf eine Zahl ein, die ca. 290 Stundenkilometer entsprach.
Die Vorderreifen waren am Ende, der linke vordere Stoßdämpfer war praktisch nicht mehr vorhanden. Der Reifen radierte am Blech.
Enzo Ferraris höhnische Prophezeiung «Gendebien wird dich auch mit dem GT verblasen», war bereits eingetroffen, das Feindbild Gendebien war selbst mit diesem Selbstmord-Kommando nicht mehr zu besiegen.
Portago und Neslon waren nicht mehr die frischesten. Der Lärm des Zwölfzylinders hatte sie völlig taub gemacht. Sie waren geschlaucht und gestresst.
Ausgerechnet dort, wo sie Top-Speed fuhren und wieder besonders viele Zuschauer am Straßenrand standen, platzte der linke Vorderreifen.
Der Ferrari geriet außer Kontrolle, sie waren nur noch Passagiere. Er touchierte einen Kilometerstein und fuhr wie eine riesige Sense durch das Menschenfeld.
Zwölf Tote insgesamt. Zehn Zuschauer, darunter fünf Kinder, dazu die Besatzung des Ferrari, der im Sumpf eines Straßengrabens versank. 20 Zuschauer wurden schwer verletzt.
Es gab eine gerichtliche Untersuchung, ein renommierter Mann steuerte das technische Gutachten bei: Professor Spelucci von der Mailänder Technischen Universität.
Spelucci hatte 1949 einen 1,5 Liter Vierzylinder-Rennmotor entwickelt, der am Prüfstand mit einem neuartigen Dreistufen-Kompressor um 250 PS mehr abgab als das Triebwerk der Alfetta, damals das schnellste Grand Prix-Auto.
Ing. Enrico Benzing, der als junger Assistent mit Spelucci arbeitete, erinnert sich heute: «Enzo Ferrari hasste Spelucci, weil er den Portago-Unfall untersuchte. Spelucci kam zu dem Schluss, dass erstens die Englebert-Reifen für den schnellen Ferrari von der Konstruktion her unzureichend waren, sie waren maximal für ein Tempo um 220 km/h ausgelegt, und sie saßen auch nicht optimal im Felgenbett. Auslösende Ursache für den Reifenplatzer waren aber laut Spelucci letztlich sogenannte Katzenaugen gewesen, kleine pyramidenförmige Erhebungen, die vor der Unfallstelle die Mittellinie der Straße markieren.»
Enzo Ferrari wurde wegen fahrlässiger Tötung angeklagt. Man nahm ihm den Reisepass ab. Die Zeitungen forderten ein Verbot der Mille Miglia. Auch der Vatikan erhob seine Stimme.
Eine Headline hieß: «Die Mille Miglia, Friedhof für Kinder und Männer – genug!»

Die Mille Miglia, 1927 das erste Mal ausgetragen, war als Straßenrennen gestorben.
Nach viereinhalb Jahren wurde Enzo Ferrari freigesprochen, den Reisepass hat er sich niemals mehr abgeholt, wie der spätere Ferrari-Rennleiter, der Schweizer Peter Schetty, mir in den 70er Jahren bestätigte. Ferrari war zu stolz, und das Land wollte er ohnehin nicht mehr verlassen.
Piero Taruffi gewann diese letzte Mille Miglia vor Wolfgang Trips und Olivier Gendebien. Der Italiener hat nie jene Version akzeptiert, derzufolge ihn Graf Trips gewinnen ließ, weil Enzo Ferrari am letzten Kontrollpunkt darum gebeten habe. Ferrari hatte allerdings zu Trips gesagt, dass Taruffi Probleme im Antrieb habe und nicht mehr voll fahren könne.
Trips war intelligent genug um zu kapieren. Taruffi würde sich nach diesem Sieg zurückziehen. Trips stand bei Ferrari erst am Anfang. Ihm war klar, was von ihm erwartet wurde.
Taruffi wiederum offenbarte einem Freund, was auf diesem letzten Teilstück wirklich passierte. Der Italiener nützte seine phantastische Streckenkenntnis. Trips lag bereits 200 Meter vor ihm, doch Taruffi bezog einen leeren Parkplatz vor einer S-Kurve in die Ideallinie ein, Trips bremste, wo Taruffi bereits wieder voll Stoff gab. Dadurch holte er sich soviel Drehzahl, um auf der folgenden Geraden an Trips vorbeizugehen.
«Das hat Trips demoralisiert», glaubte Taruffi, «und er hat keinen Versuch mehr unternommen, mich zu überholen.»
Auf einem erst kürzlich im Trips-Nachlass aufgefundenen Foto hatte der Graf handschriftlich über diesen Mille Miglia-Endkampf vermerkt: «Der Wagen lief ausgezeichnet. Nur hatte ich nichts zu essen, weil alles durcheinandergeflogen war, und die Bremse war hart zu drücken, was etwas ermüdete. Hätte gewinnen können, da Taruffis Wagen nicht mehr ging am Schluss. Bin aber dahintergeblieben. Ich freue mich viel mehr für ihn, und das Geschreie um mich wäre ja nicht so schön gewesen ...»
Für Taruffi war der Mille Miglia Sieg die Krönung seiner Laufbahn. Jahrzehntelang hatte er darauf hingearbeitet, 13mal war er sie gefahren, siebenmal hatte er geführt, noch nie gewonnen.
Bei dieser letzten Mille Miglia wurde der Wiener Herrenfahrer Gotfrid Köchert auf einem 2-Liter-Ferrari 500 TRC im Gesamtklassement Zehnter. Mit einer Zeit von 11:49:02 war er im 1000 Meilen Rennen nur 82 Minuten langsamer als der 152 km/h Schnitt fahrende Taruffi.
Köchert, der K.u.K. Hofjuwelier vom Neuen Markt in Wien, war jener Mann, der Jochen Rindt 1965 seinen Ferrari LM gab, mit dem Jochen das 500 km Rennen um den «Großen Sportwagen-Preis von Österreich» auf dem Zeltweger Militärflugplatz gewinnen konnte.

Piero Taruffi starb 1988, im Alter von 82 Jahren.

Jochen Rindt, der geborene Rennfahrer

5

Hinrichtung eines Champions

Jochen Rindt sah aus wie ein Held, er fuhr wie ein Held und er starb wie ein Held.

Die Jungen kennen ihn heute nur vom Hörensagen, oder gar nicht. Aber in den Erzählungen ihrer Väter wird er als Fabelwesen verherrlicht. Sein Bild hing jahrelang in Garagen, Büros, Tankstellen und vor Jahren wurde es im Führerstand eines Baggers gesichtet, der auf einer Baustelle in der Steiermark arbeitete. Der Baggerführer ist ein glühender Jochen Rindt-Verehrer. Manchmal zündet er sogar eine Kerze unter dem Foto an, das er wie ein Heiligenbild seit 30 Jahren mitführt.
Jochen Rindt war das Idol der Sechzigerjahre und starb am 5.September 1970 auf der Monza-Bahn.
In Wirklichkeit wurde er hingerichtet. Von der Bruchrechnung der Konstrukteure. Zwei waren dabei federführend, beide leben längst nicht mehr: Colin Chapman, der als Besitzer von Lotus seinem Chefkonstrukteur Maurice Philippe das Konzept für einen revolutionären Rennwagen skizzierte und diktierte.

Das Auto wurde als Lotus-72 berühmt: ein keilförmiges Ding, filigran wie aus einem papierenen Ausschneidebogen. Jochen starb, weil eine Bremswelle (ein besseres Blechröhrl), die zum rechten Vorderrad führte, brach, worauf das bei 290 Stundenkilometer abgebremste linke Vorderrad den Lotus nach links von der Piste riss.

Der papierene Lotus-Keil pfeilte sich unter die Leitschiene durch. Jochen hatte keine Chance.

Ich war dabei, als er an einem trüben Märztag des Jahres 1963 auf dem Semperit Reifenprüfgelände in Kottingbrunn, südlich von Wien, zum ersten Mal in einen Rennwagen stieg, und ich stand 1970 in Monza an der Box, als er zum letzten Mal den Sturzhelm aufsetzte und nicht mehr wiederkam.

Es war ein Cooper Formel Junior Rennwagen, mit dem er seine ersten Monoposto Gehversuche machte. Er maulte über die liegende Sitzposition, die er nicht gewöhnt war, denn er kam von einem Alfa-Romeo Tourenwagen, mit dem er vorher Rennen gefahren ist. Doch es war erstaunlich, wie schnell er sich mit dem Cooper-Rennwagen anfreundete, den er nach dieser ersten Probefahrt jenem Mann abkaufte, der ihm an diesem Tag ein paar Tipps gab: Curd Barry, ein Wiener Reisebürobesitzer, mit dem Rindt in der Saison 1963 eine Renngemeinschaft gebildet hat.

Im ersten Formel Junior Rennen seines Leben, in Vallelunga, war Rindt Trainingsschnellster, gewonnen aber hat Curd Barry. Sein zweites Rennen in Cesenatico hat Jochen bereits gewonnen.

Aber wie!

Es hatte einen Unfall gegeben und als Rindt um eine Ecke bog, stand der Rettungswagen vor ihm. Er warf den zweiten Gang ein, zielte zwischen Ambulanz und Strohballen durch, die Zuschauer kreischten.

In Monte Carlo wurde er in einem Vorlauf Vierter. In jeder Kurve stand er quer, immer wieder ruderte er auf den Gehsteigen herum, von den Brettern der Schikane am Hafen steckten Holzsplitter in seinen Felgen. Er rasierte Holz und Stein. Deutsche Zuschauer, die nachher ins Fahrerlager kamen, fragten uns: wer ist dieser Selbstmörder?

Rindt lachte sie aus.

Als im Finale sein Gaspedal auf Vollgas hängen blieb, korrigierte er mit dem Zündungsschalter. Im Verlaufe der Saison 1963 hat er gemerkt, dass er selbst mit dem 62er Modell die gesamte Formel Junior Elite ärgern konnte.

Was ihm an PS fehlte, holte er sich «auf der Bremse.

Er hatte vor niemand Respekt. Wenn er von der Box wegfuhr, hielten wir den Atem an.

An diesem 5.September 1970 hielten wir in Monza keinen Atem an. Der Wahnsinn der Anfangsjahre war verflogen. Bevor er in den Lotus stieg, sollte er noch für die monatliche Motorsendung des ORF «Motorama» die Einleitung moderieren. Aber er war schon weit weg mit seinen Gedanken, nach einigen Versprechern schlug er vor «mach ma das nach dem Training ...»

Er ließ vom Lotus 72 den Heckflügel abmontieren, um mehr Top-Speed rauszuholen. Und er kletterte noch schnell die zwei Sprossen zum Hochsitz seiner Gattin Nina hinauf, die dort als Zeitnehmerin saß. Er hielt nach einem «Windschatten» Ausschau, denn einige Autos waren schon auf der Piste unterwegs. Er sah Denny Hulme kreisen, und offenbar hatte er den McLaren Piloten als schnellen «Windschatten» ausgewählt, denn er stieg sofort in den Lotus.

Unglaublich, was er sich sieben Jahre vorher, in der Formel Junior Rennsaison 1963 geleistet hat. In Budapest duellierte er sich mit dem Deutschen Kurt Ahrens um die Führung, auf einem Rundkurs in der Stadt. Die Straße war regennass, das Kopfsteinpflaster auf der Zielgeraden glatt wie Eis. Bei einem Schaltmanöver verlor Jochens Cooper die Bodenhaftung. Zuerst raste er mit ungefähr 150 km/h auf die Zuschauer zu, die in Zehnerreihen völlig ungesichert auf den Gehsteigen standen. Im letzten Moment gelang es ihm den Cooper wieder von der Menschenmauer weg zu reißen, aber die Schleuderbewegung setzte sich weitere 200 Meter fort. Dann hatte er wieder die Herrschaft gewonnen. Seine Reflexe waren übernatürlich.

Ich erinnere mich an das 63er Jahr, als abends meine Hausglocke läutete. Unten stand der Jochen und rief: «Komm runter, fahr` ma in die Stadt rein ...»

Ich sprang dann in seinen Jaguar E Roadster und wir pfeilten uns in Richtung Wiener Ringstraße. Wenn er beim damaligen In-Treff Scotch um die Ecke driftete, grinsten die Playboys von Wien: der Rindt ist unterwegs ...

Einmal fuhren wir mit dem Jaguar nach Linz, um seinen Mercedes abzuholen, der als Schleppwagen für einen Anhänger diente, mit dem er den Formel Junior Cooper zu den Rennen transportierte.

Nach einem Tankstopp auf der Westautobahn, meinte Jochen: «Fahr du weiter.»

Als wir in der Gegend von Enns waren, feuerte er mich an: «Gib Vollgas ...»

Ich fuhr das erste Mal in meinem Leben schneller als 200 km/h. Jochen saß gelangweilt am Nebensitz und aß einen Apfel.

Der Mercedes stand mit Motorschaden bei einer Tankstelle, wir hängten ihn mit einem viel zu kurzen Abschleppseil an den Jaguar. Jochen begann immer schneller zu fahren, ich hinten dran am Seil war machtlos. Als wir in einen Regenschauer eintauchten, war das der reinste Blindflug. Ich hupte wie ein Verrückter, und nach einer Ewigkeit hatte Jochen kapiert, dass er das Abschlepptempo von 130 auf gemächliche 70 reduzieren sollte ...

1964 ging er dorthin, wo man hingehen musste, wenn man Renn-Profi werden wollte: nach England.

Er holte sich Sponsorgelder von Ford-Austria und BP und stieg in die Formel 2 ein, die damals Tummelplatz und Nebenerwerb für alle Formel 1 Stars war.

Bei einem Rennen in Crystal Palace ließ er Jim Clark, Dennis Hulme, Tony Maggs, Alan Rees, David Hobbs und Graham Hill in seinen Auspuff schauen. Das war damals eine Sensation, die um die Welt ging.

Für Rindt war alles eine Selbstverständlichkeit: «Die kochen doch auch nur mit Wasser ...»

Er war immer schnell unterwegs, auf der Rennbahn, im Privatleben, auf der Straße. Mit seinem zerzausten Kopf und seiner kühnen Nase, die den Fahrtwind wie ein Schwert zu teilen schien, wurde er das Abbild für Draufgängertum.

Die Kinder spielten «Rindt», so wie sie «Winnetou» spielten. Man wollte so sein wie er, und man hat Niki Lauda lange nicht akzeptiert in Österreich, weil er wie ein Milchbubi aussah und nicht wie der Jochen. Der Vorname Jochen kam durch ihn stark in Mode. Er war gewissermaßen der Held aus einem

Frühstück in Acapulco: Jochen Rindt mit Nina

Kämpften für mehr Sicherheit: Jochen Rindt, Jackie Stewart

Rennfahrer-Comic-Heft, der Tod und Teufel nicht fürchtet und uns mitnimmt auf seine Abenteuer zwischen Sieg und Niederlage.
Manchmal schien es tatsächlich, als hätte er einen Pakt mit dem Teufel geschlossen.
Dass er sich 1969 mit Lotus einließ, war geradezu ein klassischer Pakt mit dem Teufel, denn laut Statistik brachen damals mehr Räder und Aufhängungen und Heckflügel in Chapmans Rennstall, als anderswo.
«Bei Lotus» war ihm bewusst, «kann ich Weltmeister werden oder draufgehen. Dieses Risiko gehe ich ein.»
Beides ist ihm widerfahren.
Ein Astrologe bescheinigte dem Widdermenschen Rindt, der am 18.April 1942 in Mainz am Rhein geboren wurde, seine Eltern im Krieg verloren hatte, bei der Großmutter in Graz aufgewachsen war, «Mut - dynamischen, unvorstellbaren Mut, da Sonne und Merkur bei ihm im zehnten Haus stehen.»
Hätte er bereits ein Kohlefaser-Monocoque gehabt, wie Gerhard Berger bei seinem Crash in Imola, es wäre ihm kein Haar gekrümmt worden. Er wäre vermutlich an die Box zurückgelaufen um das zu tun, was er Chapman & Co. bereits nach der gebrochenen Lenkung in Clermont Ferrand angedroht hatte: «Ich bring euch alle um.»
Aber anno 1970 hatten die Formel I Rennwagen kein Kohlefaser-Chassis, sondern sie waren Blechkisten, die man mit Fußtritten bereits beschädigen konnte. Und sie fingen leicht Feuer.
Der Lotus-72 war ein Meilenstein. Ein aerodynamischer Keil, der bei hohem Tempo viel mehr Bodenhaftung produzierte, als die Konkurrenz, und die innenliegenden Scheibenbremsen, die vorne durch besagte Bremswelle mit den Rädern verbunden waren, reduzierten stark die ungefederten Massen, was zur guten Bodenhaftung beitrug.
«Ich hab` das schnellste Auto» vertraute Rindt seinem Freund und Gegner Jackie Stewart während seiner letzten Rennsaison an, «ich brauch gar nicht ans Limit zu gehen, doch nachdenken darf ich nicht, falls die Kiste einmal bricht ...»
Der Lotus-Keil fuhr in Monza unter die zu hoch angebrachten Leitschienen durch und traf genau einen Eisenpfahl.
Ich erinnere mich, wie der Jochen Wochen vorher, bei einer Besichtigung des neuen Österreichringes an einer Stelle nachdenklich mit der Aussage verweilte, «hier sind die Leitschienen zu hoch, da würde ich mit meinem Lotus glatt unten durchstechen. Legt sie tiefer und oben dann eine zweite Leitschiene drauf.»
Er war ein Sicherheitsfanatiker. Er war jederzeit bereit alles zu riskieren, aber er wollte überleben. Zusammen mit Jackie Stewart ging er auf die Barrikaden um die Rennpisten sicherer zu machen. Gewisse englische Journalisten verbreiteten Häme und Spott über beide Seiltänzer, die nicht mehr ohne Netz arbeiten wollten. In ihrem mittelalterlichen Denken war für diese Formel 1-Fundamentalisten der Tod ein fester, unabwendbarer Bestandteil der Rennen, der zu akzeptieren war.
Stewart und Rindt wollten ihn nicht akzeptieren. Der eine überlebte, der andere nicht.

Das Jahr 1970 war ein grausames Jahr für die Formel 1. Bruce McLaren starb in seinem CanAm Auto in Goodwood, als sich die Verkleidung löste. Piers Courage, ein enger Freund von Jochen, verbrannte in Zandvoort. Immerhin setzten Stewart und Rindt durch, dass der Große Preis von Deutschland nicht am gefährlichen Nürburgring, sondern im neuen Motodrom von Hockenheim ausgetragen wurde.
Das hat speziell Rindt herbe Kritik eingetragen.
Rindt machte sich für Leitschienen stark. Und dann wurde ausgerechnet eine Leitschiene für ihn zur Leid-Schiene.
Er starb um 15:25 Uhr in der Sanitätsbaracke von Monza, dort wo Schnittverletzungen und Insektenstiche behandelt wurden. Jackie Stewart hatte die Nachricht von dem Unfall an Nina Rindt überbracht, auf deren Stoppuhr die Zeiger ins Leere liefen, denn Rindt war nicht mehr vorbei gekommen.
Zweieinhalb Stunden nach Jochens Todessturz verbesserte Jackie Stewart, er war mit Tränen ins Auto gestiegen, seine persönliche Bestzeit um 2/100 Sekunden.
Beim nächsten Rennen waren die hohlen Bremswellen der Lotus 72 keine hohlen Röhrchen mehr, sondern aus vollem Material gefräst.
Zu spät für Jochen.
Sechs Jahre nach Jochens tödlichem Crash wurde Lotus-Boss Colin Chapman von den italienischen Gerichten freigesprochen, das Wrack wurde freigegeben, aber Lotus holte es nie mehr aus Italien ab. Nur der Ford-Cosworth-Achtzylinder-Motor, das Getriebe und alle für die Unfalluntersuchung irrelevanten Teile hatte man eine Woche nach dem Unfall bereits nach England mitnehmen dürfen.
1977 wanderte das Wrack auf einen Schrottplatz im Park von Monza, wo es, kaum einen Kilometer von der Rennstrecke entfernt, im Freien verrottete. 1985 wurde es von einem Immobilienmakler entdeckt, der nach Bezahlung einer Lagergebühr die Überreste von den Behörden freikaufte. Da sich der Rennwagen-Sammler aber mehr für Lola als für Lotus interessierte, tauschte er das Lotus-Wrack 1993 gegen zwei Lola Formel 3-Rennwagen ein.
Neuer Besitzer ist ein Lotus-Sammler, der historische Rennen fährt.
Erich Walitsch, ein Wiener Computer-Fachmann und Jochen Rindt Fan, der das größte Rindt-Archiv zusammengetragen hat, erfuhr 1995 in Monza von der Existenz des Todesautos. Walitsch machte den Besitzer ausfindig: «Das Wrack lag in einer Wellblechgarage, die sich in einem Garten in der Gegend von Mailand befindet. Als ich es zum ersten Mal sah, war ich tief ergriffen.»
In England wird das Rindt-Auto immer noch nach Originalplänen restauriert, was einem Neuaufbau gleichkommt.
Der 37-seitige Unfallbericht hatte die Theorie von der gebrochenen Bremswelle untermauert, die man in der englisch sprechenden Geschichtsschreibung nie wahrhaben wollte: Tatsächlich brach die rechte, vordere Bremswelle - es war ein Torsionsbruch.

Die ominösen Bremswellen sind aber immer noch unter Verschluss bei den italienischen Behörden.

Barcelona 1969: an Jochen Rindts Lotus brach der Heckflügel

81

Ein Auto voller Sargnägel: Jochen Rindt im verhängnisvollen Lotus 72

OTUS
FORD
Shell

Das Rindt-Wrack wurde in einem Schrebergarten bei Monza entdeckt

Das Leben vor dem Nürburgring-Crash: Niki Lauda

6

Niki Laudas Ahnung bei Kilometer 10,5

Wahrscheinlich ist Niki Lauda neben Mozart der bekannteste Österreicher. Zum Phantom wurde er 1976, als er am Nürburgring seine Begegnung mit dem Jenseits hatte.

Niki Lauda kommt widerwillig zum Nürburgring. «Der Ring liegt mir im Magen», sagt er. Nein, Marlene habe er nicht zum Ring mitgenommen, «ich möchte ihr das ganze Theater ersparen.»
Niki weiß, was ihn hier oben in der Eifel erwartet: Wenig Sympathien, Pfiffe, Anti-Lauda-Kundgebungen.
In einem Fiat-Coupé chauffiert mich Niki Donnerstag abends um den Ring. Plötzlich passiert etwas Seltsames. Wir suchen uns gerade einen Weg aus dem Fahrerlager, als uns ein Deutscher Rennfan etwas unverfroren stoppt. Er wirft sich einfach über die Motorhaube. Durch das geöffnete Wagenfenster nötigt er Niki ein Autogramm ab. Es ist einer von jenen Fans, die aufgeregt und mit fast irrem Blick das Autogramm einfordern. Gewissermaßen als Dank hält er Niki ein Farbfoto mit den Worten unter die Nase: «Das ist für Sie Herr Lauda. Ich war in Graz am Friedhof wo Jochen Rindt begraben liegt, das ist ein Foto von seinem Grab, ich möchte es ihnen schenken ...»

Wir sind perplex. Niki schaut mich an, ich schau ihn an. Was denkt sich ein Mensch, der Niki Lauda ein Foto schenkt, auf dem der Grabstein von Jochen Rindt zu sehen ist?
Niki schüttelt den Kopf. «Ein Wahnsinn, diese Leute. Du würdest nie glauben, was ich für Briefe kriege. Kürzlich schrieb einer, Herr Lauda, wann bringen Sie sich endlich um bei einem Rennen?»
Ich werfe das Foto ins Handschuhfach, Niki fährt auf den Ring hinaus, auf den ersten Kilometern reden wir kein Wort. Dass Niki auf dieser Runde im Fiat ausgerechnet bei Kilometer 10,5 langsamer fährt, fast stehen bleibt, schickt mir heute noch einen kalten Schauer über den Rücken. Denn bei Kilometer 10,5, genau an dieser Stelle, sollte er drei Tage später verunglücken.
Auch Jackie Stewart hat mir einmal gesagt, er würde wissen, «wo es mich einmal erwischen könnte.»
Niki rollt ganz langsam bei Kilometer 10,5 und ich habe seine Worte auf einem Recorder mitgeschnitten, und sie wurden zum zeitlosen Dokument für das Drama vom Nürburgring.
Nikis Stimme klingt nicht cool, eher rebellierend, als würde er sich gegen ein Schicksal auflehnen, dem er nicht entrinnen kann: «Du fährst hier im vierten Gang hinunter, Vollgas, ich würde sagen, 240 bis 250 km/h. Wenn dir hier ein Reifen platzt, oder was bricht ... da fliegst du dort tief hinunter, oder hier hinauf, oder da rein, da ist doch nichts. Nur Felsen, Böschung, jetzt haben sie ein paar Fangzäune aufgestellt, das reicht doch nicht ...»
Genau hier flog Niki im Rennen in die Fangzäune.
Am Vorabend des Großen Preises von Deutschland sitzen wir mit Niki in seiner Hotel-Pension unweit des Nürburgringes. Im Deutschen Fernsehen läuft eine Reportage über das Training. Als die Sportsendung vorbei ist, lehnt sich Niki, im Gesicht bleich geworden, zurück. Er ist sprachlos. Dann kommt ein einziges Wort über seine Lippen: «Gemeinheit»
In der TV-Reportage hatte man Lauda unterstellt, dass er den Nürburgring nur deswegen hasse, weil er hier 1973 und 1974 einen Unfall baute und 1975 Pech mit den Reifen hatte. In Wahrheit hatte Niki die Sicherheit auf der Nürburgring-Nordschleife hinterfragt und sie als «nicht mehr zeitgemäß» bezeichnet.
Doch seine sachliche Kritik wurde ihm als «Feigheit» ausgelegt. Und die Kommentare gegen Lauda waren an Gehässigkeit kaum noch zu überbieten.
«Das haben jetzt Millionen Menschen gesehen» sagt Niki, «sie werden jetzt nach dieser Verdrehung der Tatsachen sagen, der Lauda ist ein feiger Hund. Und ich sitze hier beim Abendessen, machtlos, dagegen was zu tun.»
Ich werfe ein: «Wenn man morgen mit dir das Siegerinterview macht, dann kannst du dich revanchieren, und die ganzen Unterstellungen korrigieren ...»
«Gute Idee» meint Niki, «doch ich bezweifle, dass ich morgen auf dem Podest stehen werde ...»
Es dauert eine Stunde, bevor er seine gute Laune wieder gefunden hat. Wir gehen alle sehr bald schlafen.
1. August 1976. Eineinhalb Stunden vor dem Start.
Niki sitzt in einem kleinen Wohnwagen und beklebt seinen Sturzhelm mit einem Ersatzvisier. Es gab damals noch keine klimatisierten Motorhomes, in denen sich die Fahrer zurückziehen konnten. Der Wohnwagen für die Ferrari-

Piloten ist winzig klein und ungemütlich. Soeben habe ich von meiner Zeitung erfahren, dass ein Wahrzeichen von Wien, die Reichsbrücke eingestürzt ist - die größte Brücke, die über die Donau führt. Niki ist verblüfft, legt den Helm beiseite und meint staunend: «Unglaublich, wie kann so was passieren? Ein Material-Gebrechen?»
Er liegt an 13.Position, als er in der zweiten Runde des Großen Preises von Deutschland, nachdem er an der Box seine Regenreifen gegen Slicks ausgetauscht hat, vor dem Streckenteil Adenauer-Brücke drei andere Fahrer einholt, die noch auf Regenreifen unterwegs sind: Guy Edwards, Harald Ertl und Brett Lunger.
Niki erinnert sich heute nur noch daran, «Carlos Pace überholt zu haben» und an den «Schlag auf den Kopf»
Erst viel später konnte man an Hand eines Amateurfilmes und an Hand von Fotos rekonstruieren, was in dem Linksknick bei Kilometer 10,5 passiert war.
Der Film zeigt, dass der Ferrari unmittelbar nach einer (eher mutmaßlichen) Berührung der kurveninneren Randsteine mit den linken Rädern, im Scheitelpunkt mit dem Heck ausbricht. Niki gibt, bei Tempo 250, Gegensteuer, plötzlich aber reißt es den Ferrari derart scharf nach rechts, als wollte er in eine Seitengasse des Nürburgringes abbiegen.
«Dieser Ruck nach rechts» ist Niki «bis heute nicht klar, obwohl ich immer wieder den Film studierte. Dieses plötzliche Abbiegen ist abnormal, völlig unnatürlich. Ich kann es nicht erklären.»
Den Anprall in die Zäune und danach in die Böschung sieht man auf dem Film nicht. Zuerst fliegen die Trümmer des Ferrari, dann erst fliegt der Wagen auf die Fahrbahn zurück. Mitten auf der Fahrbahn schlagen die Flammen aus dem zum Wrack gewordenen Ferrari.
Der Helm wird im Drahtverhau vom Kopf gerissen, den Bordfeuerlöscher kann er nicht mehr auslösen, denn ein Holzpflock des Drahtverhaus schlägt ihn bewusstlos. Niki ist ohne Helm den Flammen preisgegeben.
Mit dem Ferrari segelt der dichtauf folgende Guy Edwards im Hesketh von der Bahn. Der nachkommende Brett Lunger knallt in den Ferrari. Später wird er sagen «mein Auto wurde auf dem herumliegenden Dreck steuerlos»
Als Letzter versucht Harald Ertl der Straßensperre auszuweichen, vergeblich.
Es tritt für Niki der unglaubliche und letztlich lebensrettende Fall ein, dass mit Edwards, Lunger, Ertl und dem rasch herbeieilenden Arturo Merzario vier Rennfahrer eine Rettungsaktion starten, wozu die zwei in der Nähe Dienst machenden Streckenposten allein nicht imstande gewesen wären. Auch der Wagen der ONS-Sicherheitsstaffel wäre zu spät gekommen.
Man muss sich vorstellen: Niki sitzt ohne Sturzhelm, nur noch von der Asbestkapuze geschützt, zwischen 40 und 50 Sekunden in dem flammenden Inferno.
«Es muss an die 900 Grad gehabt haben» erklärt er Wochen später, «zum Glück weiß ich darüber nichts mehr.»
Fragmente der Erinnerung tauchen erst auf, «als ich bereits im Hubschrauber lag.»
Die erregendste Schilderung der Lauda-Rettungsaktion liefert der Italiener Arturo Merzario: «Als ich in der Bergwerk-Kurve die gelben Fahnen sah, fuhr ich 260. Ich bremste. Dann sah ich auf der linken Seite der Piste, zwei Meter von den Leitschienen entfernt, den Ferrari von Niki. Daneben der Hesketh von Ertl und das Auto von Edwards, dazu der Surtees von Lunger. Ich sprang aus

Krisengespräch biei Ferrari: v.l. Carlos Reutemann, Mauro Forghieri, Niki Lauda

RÖMERQ

Duell in Zandvoort 1977: Niki Lauda (Ferrari) im Nahkampf mit Mario Andretti (Lotus)

John Player Special
Andretti
NGK
Valvoline

meinem Williams, entschlossen zu helfen. Kaum aus dem Wagen, hörte ich wie Niki laut schrie. Die Flammen standen bereits hoch. Ich versuchte mich in das Feuer zu stürzen, aber die Flammen nahmen mir den Atem. So sehr ich instinktiv helfen wollte, so stark war meine Reaktion, vor der Hitze und den Flammen zurückzuweichen. Ich bemerkte dann, wie die Flammen aus der Unterseite des Ferrari schlugen und sich über dem Cockpit vereinigten. Auch Edwards, der wie ich versuchte, an Lauda heranzukommen, konnte nichts ausrichten. Ich riss einem Streckenposten den Feuerlöscher aus der Hand. Nikis Schreie waren schrecklich. Ich verstand nicht, was er schrie. Jetzt übernahm Ertl den Feuerlöscher. Mit dem Schaum schlug er eine Gasse in die Flammen, in die sich Edwards und ich hineinstürzten. Es war furchtbar. Es wollte uns nicht gelingen Niki aus dem Feuer zu ziehen, weil wir seine Sicherheitsgurte nicht lösen konnten. Endlich schafften wir es, wir legten Niki ins Gras ...»
In der Panik hatten Nikis Lebensretter eines vergessen: den Hauptschalter, außen am Ferrari, umzulegen, womit sie die im Wagen installierte Feuerlöschanlage ausgelöst hätten.
Als das abgebrochene Rennen ein zweites Mal gestartet wurde, blieb der Platz neben James Hunt in der ersten Startreihe leer. Hunt, der zugab «der Ring schreckt mich», hatte sich bereits in der zweiten Runde 10 Sekunden von Jody Scheckter abgesetzt. Peterson und Brambilla waren von der Straße abgekommen, Regazzoni hatte sich gedreht und dabei Patrick Depailler abgeschossen.
Hunt – Scheckter - Mass standen ernst und stumm auf dem Siegerpodest. Die Nachrichten die über den Zustand von Lauda kursierten, waren zwischen «er ist tot» und er «lebt noch» angesiedelt.
Im Fahrerlager machte sich Bitternis bemerkbar. Bernie Ecclestone philosophierte: «Der Nürburgring ist wie ein altes Haus. Jeder schwärmt davon, jeder will darin wohnen, doch niemand will das alte Haus restaurieren. Eines Tages zieht man aus. Ich weiß heute nur eines: Wir kommen so schnell nicht wieder zum Nürburgring.»
In der Nacht zum Montag, Lauda war von Adenau in die Hautklinik nach Ludwigshafen, von dort in die Intensivstation der Universitätsklinik Mannheim überführt worden, begann sich sein Zustand zu verschlechtern. Durch Einatmen verbrannter Kunststoffteile und Rauchgas war die Lunge so schwer verätzt worden, dass der Sauerstoffgehalt seines Blutes in Bereiche absank, die normalerweise den Tod herbeiführen.
Laudas Zustand war ernst. Er wurde durch eine Kanüle, die durch die Nase in die Luftröhre gelegt wurde, künstlich beatmet. Seine Gattin Marlene, Nikis Bruder Florian und seine Eltern waren Sonntagabend nach Mannheim geflogen.
Was sich in diesen Tagen zwischen dem 1. und 6. August 1976 abspielte, ist schwer zu beschreiben. Der Weltmeister rang in Mannheim mit dem Tod, die Öffentlichkeit nahm an seinem Schicksal in einer Weise Anteil, wie es sich Niki «niemals träumen hätte lassen, ich muss meine Meinung über das Volk, über die sogenannten Fans kräftig revidieren. Ich habe gesehen, dass die Anti-Lauda Liga in Wahrheit eine Minderheit ist.»
Jede Nachrichtensendung im Österreichischen Radio und TV hatte den Zustand von Niki Lauda als Top-Meldung.
Am Donnerstag, den 5. August schien die Lebensgefahr gebannt, die Krise vorbei.

«Atmung und Herz-Kreislauf-Funktion sind weitgehend verbessert, der zur Unterstützung der Atmung in die Luftröhre eingebrachte Tubus konnte entfernt werden, die lebensgefährdende Infektionsgefahr ist unter Kontrolle», so lautete das Donnerstag-Bulletin der Intensivstation unter Prof. Horst Lutz.
Vermutlich war es ein technisches Gebrechen an der Aufhängung, das Niki Lauda so nahe wie nie zuvor an die Himmelstür schoss. Dass er aber an diesem 1. August 1976 für einen Unfall gewissermaßen fällig war, geht aus seinem Biorhythmus hervor.
Jeder Mensch ist einem solchen Rhythmus unterworfen. Das ist das Auf und Ab seiner Lebenskraft. Jeder Mensch hat seine guten und schlechten Tage. Man hat Formeln aufgestellt, mit deren Hilfe man die guten, schlechten, halbkritischen und sehr kritischen Tage eines Menschen berechnen kann.
An einem kritischen Tag wird ein ganz normaler Mensch über eine Treppe fallen, einen Verkehrsunfall bauen, ein Bahnwärter wird vergessen, eine Weiche zu stellen, ein Rennfahrer Gefahr laufen, sich umzubringen. Ein auf Biorhythmus programmierter Computer spuckte für Niki Laudas 1. August 1976 geradezu das Modell eines Unfalles aus.
Der Computer berechnete den Biorhythmus auf drei Ebenen, einer physischen, psychischen und intellektuellen. Lauda war am Tag seines Nürburgring-Unfalles:
Physisch: kritisch (d.h. körperlich, kräftemäßig);
Psychisch: gut (d.h. seelisch, Mut, Gefühl, Stimmung);
Intellektuell: schlecht (d.h. Auffassung, Reaktion, Konzentrationsfähigkeit, Erkennen von Situationen).
Der Österreichische Schi-Trainer und Fitness-Guru Prof. Baldur Preiml behauptete «Rennfahrer sollten eigentlich ihren Biorhythmus kennen. Wenn man etwas im Unterbewusstsein fürchtet, wie Lauda den Nürburgring, weil er um seine Gefährlichkeit wusste, dann ist die Wahrscheinlichkeit groß, dass das, wovor man Angst hat, auch tatsächlich eintritt.»
Nach dem Nürburgring-Unfall hat Niki tatsächlich seinen Biorhythmus beobachtet: «Ich glaube daran, aber ich lasse mich von ihm nicht vergewaltigen. Wenn es schlecht steht, dann werde ich sicher nicht im Bett bleiben.»
Am 7. September, genau fünf Wochen, nachdem er die Mannheimer Intensivstation verlassen hat, steigt Niki Lauda wieder in ein Cockpit. Zunächst in das seiner zweimotorigen Cessna Golden Eagle. Wir fliegen von Salzburg nach Bologna. Wir: Niki, sein Pilot, Österreichs Fitness-Papst Willy Dungl, Marlene Lauda, Kurier Fotograph Christian Bisutti und ich.
Auf der Ferrari-Teststrecke will Niki wissen, ob er noch «einen Formel 1 bewegen kann ...»
Die Polizei hat das Gelände abgeriegelt, Commendatore Enzo Ferrari hat höchstpersönlich die Spezialausweise unterschrieben, die den Zutritt zur Teststrecke Fiorano freigeben. Niki hat sich für den ersten Test «Ruhe, keine Zuschauer, Frieden» ausbedungen.
Doch die Medien haben tausende von Fans und Neugierige mobilisiert, die sich vor den Toren von Fiorano drängen und von der Polizei nur mühsam in Schach zu halten sind. Die Tifosi schwingen sich auf die Mauern, sie hängen auf den Bäumen.
Niki ist irritiert.

Arturo Merzario zog Niki Lauda aus den Flammen und bekam später als Dank eine goldene Armbanduhr

Drinnen auf der Versuchsbahn artet der Nachmittag in ein Begräbnis aus. Kein Jubel zunächst, keine frohen Gesichter als sich Niki für den Test fertig macht. «So lacht doch ein wenig» ruft Marlene Lauda in die Runde. Aber niemand lacht. Und sehr schnell begreifen wir warum diese Szene so trostlos und angespannt ist. Ferrari hat Lauda abgeschrieben. Vom Commendatore abwärts rechnet niemand damit, dass Lauda nach diesem Feuerunfall jemals noch seine alte Form finden würde.

Man hat ihn abgehakt.

Daher steht auch schon sein Nachfolger parat. Für Niki muss es deprimierend gewesen sein, als er plötzlich Carlos Reutemann sieht, der wie ein Königstiger herumschleicht, sprungbereit, mit einem Schmunzeln über den Lippen. Niki: «Ich habe sofort gewusst, was da läuft. Umso mehr habe ich mir geschworen, du darfst jetzt nicht versagen ...»

Nikis Kopf ist bandagiert, das Gesicht eine blutrote Fratze, die Augen liegen in glutroten Höhlen. Willy Dungl hat ihm einen Spezialhelm gemacht, den er ohne Schmerzen aufsetzen kann.

Nach 30 Runden weiß Niki, dass ich wieder fähig bin einen Rennwagen zu lenken.»

Aber viel mehr wusste er nicht.

Eine Pressekonferenz wird improvisiert, während der sich Enzo Ferrari hinter der Glasscheibe seiner Villa versteckt. Mit Sonnenbrillen und finsterem Gesicht verfolgt er stumm die Vorgänge um Niki, der wie ein Phantom bestaunt und plötzlich gefeiert wird.

Niemand jedoch kümmert sich um den alten Commendatore. Die Weltpresse stürzt sich auf Lauda, der Sätze formuliert, wie «ich trage jetzt meinen Oberschenkel im Gesicht», und als sich die Reporter mit ihren Fragen immer weiter in Laudas Intimsphäre vorwagen, zieht er die Bremse: «Ich arbeite nicht als Dressman, ich bin Rennfahrer. Ich werde auch mit meinem neuen Gesicht weiterleben»

Am Rückflug nach Salzburg ist es vor allem Marlene Lauda, die mit uns versucht, diesen Nachmittag in Fiorano aufzuarbeiten, mit all ihren Emotionen. Wir waren gewissermaßen im Auge des Hurrikans gewesen, dort wo der Ferrari-Mythos entsteht, dort wo der Commendatore wie ein mittelalterlicher Papst den Giftbecher kreisen lässt, wo Sternstunden und Katastrophen das Wetter brauen und die Intrige zum Tagesgeschäft gehört.

Am 12.September wurde Niki Lauda hinter Ronnie Peterson, Clay Regazzoni und Jacques Laffite beim Grand Prix von Italien Vierter.

«Ich hatte in Monza Angst wie noch nie» gestand Lauda viel später, «Angst vor dem Feuer.»

Sein Entschluss am 24.Oktober im Blindflug-Chaos von Fuji aufzugeben und damit den WM-Titel James Hunt zu überlassen, war die logische Konsequenz eines Menschen, der in Abgründe geblickt hat, die vielen seiner Kollegen erspart geblieben sind.

Als er in Fuji vorzeitig den Sturzhelm abnahm, das ganze Ferrari-Team schreckgelähmt im Regen stand, sagte Niki Lauda den Schlüsselsatz seiner Karriere:

«Es gibt wichtigere Dinge im Leben als die Weltmeisterschaft, nämlich zu leben.»

Patrick Tambay auf Renault Turbo 1984 am Österreichring

7

Der Krieg am Auspuff

Zwischen 1977 und 1988 sorgte die Turbo-Ära für einen permanenten Krieg: gekämpft wurde ums Reglement, ums Geld, um Elektronik, Haltbarkeit, Spritverbrauch und Macht.

Die Turbo-Ära ging am 13.November 1988 mit dem Grand Prix von Australien in Adelaide zu Ende. Sie war eine faszinierende Epoche, vielleicht die wildeste überhaupt, denn sie brach alle Rekorde: an Motorschäden, Geschwindigkeit und Kosten. Das Turbo-Spielfeld brachte die Formel 1 an den Rand des politischen Selbstmordes. Lassen Sie mich etwas ausholen.
1922 gab der Kompressor seinen Einstand auf der Rennbahn. Mercedes-Benz schickte ein Kompressor-Auto in die Targa Florio. Und als die Kompressor-Rennwagen der berühmten 750-Kilo-Formel, die zwischen 1934 und 1937 ihre Gültigkeit hatte, nicht mehr zu bändigen waren, wollte man den Teufel wieder in die Flasche sperren. 3-Liter mit, 4.5 Liter ohne Kompressor hieß ab 1938 die neue Rennformel. Doch es wurden noch schnellere Rundenzeiten produziert.
Herrlichster Auswuchs dieser Epoche war der Tipo 158/159 von Alfa Romeo,

«Alfetta» genannt. Nino Farina (1950) und Juan Fangio (1951) wurden mit der Alfetta Weltmeister. Die letzte Version leistete 430 PS, die aus 1.5 Liter Hubraum herausgepresst wurden. Die Pönale allerdings wurde immer härter, der goldene Schnitt ging verloren, denn die Alfettas konsumierten 120 Liter Spezialsprit auf 100 Rennkilometern. Das kostete sie zwei Tankstopps, in denen die 4.5 Liter Saugmotor-Ferrari auf die Überholspur zum Sieg vorpreschten.
BRM wollte mit einem V-16 Zylindermotor die Alfas wegblasen. Ein von Rolls Royce entwickeltes Zentrifugal-Gebläse hätte dem bis 12.000 Touren ausgelegten 1.5 Liter Motor rechnerisch bis zu 615 PS einhauchen sollen, jedoch die Praxis sah anders aus. Vor lauter Kraft zerstörte sich der BRM selbst.
Ende 1951 ging die Kompressor-Formel sterben, denn Alfa Romeo blies zum Rückzug.
Zwischen 1954 und 1960 galt ein Hubraum-Limit von 2.5 Liter, und Kompressor-Motoren gestand die Sporthoheit 750 ccm Hubraum zu. Alle fuhren jedoch mit 2.5 Liter Saugmotoren.
Als 1966 die 3-Liter Formel etabliert wurde, hatte man für Kompressormotoren den Hubraum, ohne sich Gedanken zu machen, also eher über den Daumen gepeilt, auf 1.5 Liter festgelegt.
Jahrelang wagte sich niemand daran, dem Kompressor eine Chance zu geben, obwohl es längst die sogenannten Auspuffturbinen gab: die ungenützt, mit hohen Geschwindigkeiten ins Freie geblasenen Auspuffgase werden zu einem Schaufelrad kanalisiert, das mit rund 100.000 Touren zu rotieren beginnt und eine Turbine in Gang setzt, die eine Luftsäule in den Ansaugtrakt presst.
Am 16. Juli 1977 feierte ein Renault-Formel 1-Rennwagen mit Turbomotor die langerwartete Rennpremiere in der Formel 1. Der Franzose Jean-Pierre Jabouille stellte den Michelin bereiften V-Sechszylinder-Wagen in die drittletzte Startreihe des Britischen Grand Prix von Silverstone.
Das Auto fegte dumpf murmelnd, erstaunlich leise, durch die Gegend. Beim Gaswegnehmen ertönten dumpfe Explosionen, die sich wie Kanonendonner anhörten.
Es gab ernste Probleme mit den Schaufeln der Auspuffturbine, und bereits im Vortraining hatte Jabouille nur wenige Runden mit vollem Ladedruck fahren können. Bei reduziertem Ladedruck hielt der Turbolader länger, doch die Rundenzeiten wurden dramatisch langsamer.
Renault wechselte ständig Motoren. Die Gegner zeigten Anerkennung, doch im Grunde war es das mitleidige Wohlwollen, das man einem Narren entgegenbringt.
Ich erinnere mich des Gesprächs anlässlich eines Abendessens mit Ferrari-Chefingenieur Mauro Forghieri und Niki Lauda. Es fand an jenem Tag statt, an dem Renault bei den Silverstone-Testfahrten erstmals das Turbo-Auto zündete.
Niki fragte Forghieri dezidiert, was sich Ferrari zum Thema «Turbo» einfallen lässt.
Forghieri gab zu, dass man herumexperimentiere, doch das Ganze stecke noch in den Kinderschuhen.
«Nicht machbar» meinte Forghieri, «alles glüht, alles ist thermisch überbelastet, man müsse nach neuen Materialien suchen, alles würde sehr lange dauern ...»
Für Niki war diese Antwort unbefriedigend, denn sein Instinkt sagte ihm, wenn Renault sich für Turbo entschieden hat, muss mehr dahinter stecken.

Forghieri merkte, dass Niki mit seinen Ausführungen unzufrieden war. Deshalb zog er mit den Worten «den Turbo kannst du vergessen» einen Schlussstrich.
Aber Niki bohrte weiter, drängte Forghieri, dass man «dranbleiben müsse». Forghieri beschwichtigte und meinte, man habe die «Versuche ja nicht aufgegeben» Ferrari war bereits im Hintertreffen, denn sehr viel später, erst 1981, war in Maranello ein Turbomotor rennfertig.
Zunächst sah es aber bei Renault so triste mit dem Turbo aus, dass Forghieri mit seiner Einschätzung richtig zu liegen schien.
Zwei Jahre tat sich mit dem Renault-Turbo überhaupt nichts.
Eine «Fehlentwicklung» höhnte das Formel 1 Volk. Außer mit einem vierten Platz, 1978 in Watkins Glen, konnte sich Jabouille mit dem Turbo-Renner überhaupt nicht bemerkbar machen. Motorschäden über Motorschäden folgten. Kolbenringe brachen, rieben sich fest, Turbinenschaufeln zerbröselten wie Porzellan-Figuren. Bisweilen gingen die Renault-Triebwerke schon beim Warmlaufen ein. Sie rauchten, verglühten, sie wurden zur Muppets-Show der Technik. Die Gegner lachten immer herzlicher über die Franzosen.
Immerhin gewann Renault 1978 die 24 Stunden von Le Mans mit dem auf 2-Liter aufgebohrten Turbomotor, und nachdem dieses Plansoll erfüllt war, warf sich die komplette Rennabteilung auf die Formel 1.
Trotzdem war die Entwicklung voller Rückschläge. Hielt der Motor, versagten die Reifen. Hielten die Reifen und der Motor, waren die Bremsen überfordert. Renault genehmigte dem Rennstall ein Budget, das einem Tausendstel des Gesamtumsatzes entsprach. Das allein hätte bei den englischen Garagisten einen Frühalarm auslösen müssen, doch deren Experten hatten nur Hohn und Schadenfreude anzubieten.
Sogar der damalige Porsche-Chef Dr. Ernst Fuhrmann orakelte 1979 sinngemäß: «Mit 1.5 Liter Hubraum sei nichts für den Turbo in dieser Rennformel drinnen, das ergäbe kein konkurrenzfähiges Auto. Mit 2-Liter wäre das Hubraum-Verhältnis zu den 3-Liter Saugern gerechter.»
Kurz darauf gewann Renault den Grand Prix von Frankreich in Dijon. Mit Jabouille, der auf dem Siegerpodest verkündete: «Seit Jahren wohne ich im Cockpit unserer Autos. Heute wurde der erste Lohn ausbezahlt.»
Jabouille hinkte vom Podest, denn sein rechtes Bein schmerzte bis zur Hüfte, «weil der Kraftaufwand fürs Bremsen immer höher und höher wurde.»
In Österreich musste Rene Arnoux auf Platz drei liegend nachtanken - irgendetwas passierte immer.
Im Herbst 1979 war den Engländern der Renault-Turbo nicht mehr egal. Das Ding begann immer schneller zu werden.
Fritz Inda, zu dieser Zeit Motorenchef bei Opel, unterstrich die technische Leistung, die Renault mit der Turbo-Entwicklung erbrachte mit den Worten: «Für die Deutsche Industrie ist das Ganze doch sehr blamabel.»
Die Angst der Engländer wuchs. Bernie Ecclestone und Konsorten machten sich öffentlich bereits «Sorgen um die Ausgewogenheit» ihrer Formel-1-Spielkiste. Die Kreuzwegstationen eines Turbos, die ein Werk wie Renault finanziell locker verkraftete, «würden für Privatteams jedoch ruinös sein» argumentierten Ken Tyrrell, Colin Chapman, Frank Williams, Teddy Mayer und Ecclestone.
Als 1980 Rene Arnoux in Brasilien und Südafrika auf dem Podest stand, machte

Der erste Turboweltmeister: Nelson Piquet auf Brabham-BMW

armalat
Castrol
Santal
MICHELIN
armalat

Der Turbo-Wahnsinn am Höhepunkt: Stefan Johansson (Ferrari) 1985 in Monte Carlo

sich Weltuntergangs-Stimmung bei den Nicht-Turboteams breit. Alles tippte auf ein Turbo-Jahr. Aber der Turbo forderte seinen Preis. Immer aufs Neue.
Der Turbomotor, der im unteren Bereich kraftlos ist, sorgt schon am Start für verschmorte Kupplungen. Er reibt Kolbenringe fest und in Monaco und Long Beach war er ohnehin kein Vorteil. Das Ansprechverhalten zerstörte jeden Fahrstil, trat der Pilot aufs Gaspedal, passierte gar nichts, man konnte 21, 22 zählen, bei 23 hatte sich so viel Ladedruck aufgebaut, dass völlig unberechenbar ein gewaltiger, kaum beherrschbarer Schub einsetzte. Aber auch auf schnellen Pisten, ohne Stop-and-Go Passagen, waren die Renaults noch immer kein Hammer.
Und als sich die Konstrukteure der Saugmotor-Autos immer neue aerodynamische Tricks einfallen ließen, hatte es lange Zeit den Anschein, dass der Turbo unterm Strich überhaupt keine Vorteile bringt.
Tatsache war: Der Turbo konsumierte mehr Sprit, die Autos verlangten härtere Reifen, hatten mehr Gewicht am Start und mehr PS an der Hinterachse - das waren potentielle Reifen-Killer.
Frank Williams bilanzierte: «Ein Turbo-Projekt durchzuziehen, das ist, wie wenn man über einen riesigen Gletscher wandelt und pausenlos in eine Spalte fällt. Damit will ich sagen, Renault fiel in jede denkbare Spalte.»
Dass die Briten die Turbo-Entwicklung mit hasserfüllten Blicken verfolgten, musste man verstehen. Teams wie Williams, Tyrrell, McLaren und Lotus horteten zwischen 15 und 20 Cosworth-Motoren in ihren Firmen, das war ihr Kapital, pro Rennstall machte das eine runde Dollar-Million aus. Keines dieser Teams wollte sich von diesen Werten trennen. Außerdem war keine Alternative in Sicht. Turbomotoren waren im Unterhalt extrem teuer, ihre Sauger konnten sie immer wieder runderneuern, die Cosworth-Motoren waren Dauerbrenner, die sich schon hunderte Male amortisiert hatten.
Mario Andretti prophezeite: «Der Turbo wird die Formel 1 zerstören.» Fast hätte er recht behalten.
Die Opposition gegen die Turbos wuchs. Eine Front war eröffnet. Der Krieg am Auspuff hatte nicht nur technische, sondern daraus resultierend, politische Ursachen. Die Front zog sich mitten durch die Formula One Constructors Association. Sie trennte die Turbo-Verfechter Renault, Ferrari (wo man im September 1980 mit einem Turbo an die Öffentlichkeit ging) und Alfa Romeo auch politisch von den übrigen FOCA-Teams.
Bernie Ecclestone stöhnte: «Alle Probleme nahmen ihren Anfang, als Renault in die Formel 1 einstieg.»
Die Garagisten waren bis dato unter sich gewesen. Heute haben die Autowerke längst die Formel 1 für sich vereinnahmt.
Damals wurde eine weitere Front eröffnet. Sie bestand seit jenem Tag, an dem sich der neugewählte FISA Präsident Jean Marie Balestre vorgenommen hatte, die seiner Meinung nach in vieler Beziehung entgleiste Formel 1 wieder in die Schienen zu heben.
In Wahrheit ging es ihm um Macht und Geld. Ecclestone & Co. saßen an der Futterkrippe. Dorthin wollte auch der Franzose.
Balestre agierte geschickt, er wusste um die wunden Punkte innerhalb der FOCA. Ihre Uneinigkeit und Zerwürfnisse bezüglich der Turbomotoren waren für ihn ein hervorragender Ansatzpunkt.

Es gelang ihm die großen Werke Renault, Alfa Romeo und Ferrari auf seine Seite zu ziehen.
Vor dem Belgischen Grand Prix 1980 hatte Bernie blitzschnell reagiert. Er berief zwei Tage vor Zolder ein FOCA-Meeting am äußersten Vorposten seines Reiches, bei Ferrari in Modena ein, und machte Renault zum vollwertigen FOCA-Mitglied mit Stimmrecht. Der Formel 1 Zampano versuchte mit artistischem Geschick innerhalb der FOCA eine Art Balancezustand aufrecht zu halten, als die Existenzangst wegen der Turbos auf dem Höhepunkt war. Nach den beiden Siegen von Rene Arnoux, soll die FOCA der FISA sogar folgendes Gegengeschäft vorgeschlagen haben: Wir nehmen 1981 die beweglichen Plastikschürzen von den Autos weg, dafür nehmt ihr den Hubraum der Turbomotoren von 1.5 auf 1.4 Liter zurück.
Die FISA legte sich jedoch quer. Die Werke auch.
In Jarama tastete die FOCA erstmals die Möglichkeit ab, was passieren würde, falls ein Formel 1-WM Lauf aus der Sporthoheit der FISA losgesprengt wird. Was in Jarama mit entzogenen Fahrerlizenzen und daraus resultierenden Sperren begann, endete mit dem Exodus der Werke. Der Spanien-Grand Prix wurde zwar gefahren, womit Balestre nicht gerechnet hatte, doch in Abwesenheit der FISA-Treuen Werke musste das Rennen seinen WM-Status verlieren.
Ecclestone freilich hatte seinen Vertrag mit dem spanischen Veranstalter eisern eingehalten, aber den «wilden Rennen», waren damit weder Tür noch Tor geöffnet. Im Gegenteil: die FOCA spürte von vielen Seiten Gegenwind. TV-Gesellschaften wollten den Spanien-Grand Prix nicht übertragen, Sponsoren drohten mit dem Ausstieg.
Aber auch in Spanien hatte die Abseitsstellung der drei Autowerke immer nur einen Hintergrund: Druck auszuüben, für die Abfassung eines ihnen genehmen Formel 1- Reglements.
Was Renault, Ferrari und Alfa damals verband, war eine Erhöhung des Mindestgewichts, eine gesicherte Zukunft für ihre Turbomotoren und vor allem ein Verbot der sogenannten «Skirts», der beweglichen Plastikschürzen am Chassis, die für das «Einmauern» der Sogwirkung unterm Auto sorgten.
Am Dienstag, den 24. Juni 1980 schien dann für die Formel 1 der Jüngste Tag anzubrechen. Fünf Tage vor dem Frankreich-Grand Prix versammelten sich die Vertreter aller Formel 1-Teams im Post House-Hotel am Londoner Flughafen Heathrow zum entscheidenden Meeting über Sein oder Nichtsein.
Was sich die Herren innerhalb von neun Stunden abrangen, an den Kopf warfen, unterjubelten, ständig paktierend, taktierend, intrigierend, führte schließlich zu einer neuen Form des Zusammenlebens, wie sie nur unter dem Druck der sich zuspitzenden Ereignisse möglich war.
Spät Abends, als die Formel 1 Bosse gestresst und hungrig auseinander gingen, war nicht nur der Frankreich-Grand Prix gesichert, sondern auch die Zukunft sah wieder rosiger aus. Letztere Behauptung war allerdings ein Trugschluss.
In dem «härtesten aller Meetings» (Zitat Ecclestone) war es weniger um den Krieg mit der FISA gegangen, sondern es galt eine Einigung über das neue Formel 1-Reglement herbeizuführen. FISA-Präsident Balestres Krieg hatte immer von der Tatsache Nachschub bekommen, dass die großen Werke sich vom harten britischen Kern der FOCA nicht das Reglement der Zukunft diktieren lassen

wollten. Folglich hatte man in London nur eine einzige Chance: man musste sich über Turbo und Schürzen, Mindestgewicht und Hubräume einigen. Es entstand ein Kompromiss.
1980 wurde das bis dato schnellste Formel 1-Jahr.
Die Rufe nach Abrüstung waren so laut wie nie zuvor. Alan Jones wurde auf Williams Weltmeister 1980. Es grenzte an ein Wunder, wenn Williams, Brabham und Ligier mit dem kaum mehr als 500 PS starken Cosworth-Saugmotoren auf den meisten Rennstrecken die 50 bis 60 PS stärkeren Renault-Turbos verblasen konnten. Sie konnten es dank den Goodyear-Reifen, die 1980 die Michelin-Konkurrenz glatt ausstachen, aber auch, weil sie den «Ground Effect» optimaler als die Turbo-Power-Übermacht zu nutzen wussten.
Kolbenschäden und mangelnder Reifen-Grip lähmten die Renault-Turbos. Zwischen 10.500 und 11.000 Touren brachen deren Ventilfedern. Ab dem Österreich-Grand Prix senkte Renault die Höchstdrehzahl auf 10.500 U/min. Ein Turbo war nach wie vor ein Teufelswerk, das nicht nur sich selber, sondern auch die Gehirne der Techniker in Rotglut versetzte.
Einen Turbo auf die Dauer siegfähig zu machen, schien wie die Eroberung des Sinnlosen.
Inzwischen war auch Ferrari nicht untätig gewesen. Im Chassis-Bau waren die Ingenieure in Maranello nie so genial gewesen, wie die Engländer, aber auf dem Motorensektor waren sie Kapos. Man muss aber Ferraris Turbo-Entwicklung ins rechte Licht rücken. Ferrari profitierte von der Pionierarbeit die Renault geleistet hatte. Ferrari fuhr eines Tages mit jenen Ladeluftkühlern, die Renault um den Preis einer Legion von Motorschäden entwickelt hatte. Ferrari holte sich dann die Aufladeturbine von derselben Firma wie Renault – von KKK.
Als Gilles Villeneuve 1981 auf dem neuen Ferrari V6-Turbo den Monaco Grand Prix gewann, war er nach 76 Runden schwer gezeichnet, denn das Auto war unfahrbar.
1981 tauchte in Silverstone – vier Jahre nach Renault – ein weiterer Turbomotor auf, im Heck eines Brabham. Dieser BMW-Turbo hätte bei Talbot landen sollen, eine entsprechende Absichtserklärung des BMW-Vorstandes lag bereits vor. Jochen Neerpasch hätte den Turbo quasi als Mitgift zu Talbot mitnehmen wollen. Aber Rennleiter Dieter Stappert und Paul Rosche, BMW`s genialer Turbo-Entwickler, haben das, Rücken an Rücken kämpfend, im Jänner 1980 zu verhindern gewusst.
Im Mai 1980 war Stappert auf der Ecclestone-Yacht gewesen, die im Hafen von Monaco dümpelte, und man hatte auf einem Schmierzettel einen Vertrag zwischen BMW und Brabham entworfen.
Es sollte ein Pakt mit dem Teufel werden.
In Silverstone 1981 also, in der technisch völlig ausgereizten Formel 1, war das Auftreten des BMW-Vierzylinderturbo im Brabham-Heck so, als würde man einen neuen Fisch in ein trübes Aquarium stecken.
Geplant war laut Stappert, «zunächst nichts, als wir aber in Donington 70 Runden ohne Probleme abspulten, wollten wir uns in Silverstone beweisen, wo wir tatsächlich stehen.»
Ausgerüstet mit einer neuen elektronischen Zünd- und Einspritzanlage von Bosch, steckte der Vierzylinder erstmals in einem halbwegs adäquaten Brabham-

Chassis, das sogar einen um 50 Liter größeren Tank besaß, daraus sieht man, welche Saufbolde die ersten Turbos damals waren.
BMW hatte noch eine Errungenschaft mit dabei, die damals in der Formel 1 Neuland war: in einem Bus hinter den Boxen war die Empfangsstation für die Telemetrie installiert. BMW hatte das System aus der Luftfahrt entliehen, die Münchner waren somit Telemetrie-Pioniere in der Formel 1.
In Silverstone fuhr Piquet mit der neuen Bosch-Elektronik am Turbomotor trotz leichter Aussetzer 1:12.9. Am Tag darauf wurde ein Motor mit mechanischer Einspritzung eingebaut, und mit 1:12.6 wäre Piquet im Brabham-BMW Turbo genau dort gestanden, wo er im Training, zwar 7/10 Sekunden schneller, auch mit dem Brabham-Cosworth Sauger stand: am dritten Startplatz.
Der Teufelskreis von BMW sah damals so aus: nur im Rennbetrieb konnte der Turbo reifen, aber ein Rennen wollte Brabham erst dann mit dem Turbo fahren, wenn er dafür reif war.
In Silverstone lagen beide Renault wieder einmal haushoch in Führung, aber sie verabschiedeten sich, weil die Ventilsitze locker wurden.
Das erwartete Renndebüt des BMW-Turbo im Brabham-Heck, das 1980 in Monza stattfinden hätte sollen, wurde abgesagt. Im Endspurt dieser WM wäre ein Turbo-Einsatz «reinster Selbstmord» gewesen, wie Brabham-Cheftechniker Gordon Murray immer wieder betonte.
1981 wurde Nelson Piquet Weltmeister, immer noch auf einem Cosworth befeuerten Brabham. Die Turbo-Rechnung war noch immer nicht aufgegangen. Die Turbos waren und blieben ein unverlässlicher, glühender, Metallhaufen. Und die Engländer setzten alle denkbaren, erlaubten und unerlaubten Mittel ein, um die Turbo-Liga zu einer Leistungssteigerung zu zwingen. Worauf die Turbos noch früher verglühten.
In ihrem Erfindungsreichtum waren die Engländer Weltmeister. Mit hydraulisch absenkbaren Chassis konnten die Cosworth-Autos wieder einmal ihr Power-Manko gegen die Turbos egalisieren. Dann – Ende 1981, Anfang 1982 – hatten die Engländer einen unglaublichen Betrug ausgetüftelt, dank dem sie sich immer tiefer unter dem Mindestgewicht ansiedelten. Legalisiert durch den Reglement-Passus «Nachfüllen von Betriebsstoff» gossen die Briten nach dem Rennen Wasser in spezielle Tanks, aus denen sie vorgaben die Bremsen zu kühlen. Sie füllten Wasser ein, bis das Mindestgewicht von 580 kg wieder stimmte. Zwischen Start und Ziel im Brasilien Grand Prix, konnte das FIA-Gericht nachweisen, fehlten im Brabham von Piquet und im Williams von Rosberg mehr als 25 kg auf das Mindestgewicht. Damit konnten entscheidende Zehntel gewonnen werden.
Als ein FIA-Gericht den Wassertank-Trick verbot, Piquet und Rosberg nachträglich aus der Wertung des Brasilien-Grand Prix genommen wurden, brach sofort wieder Krieg aus.
Wieder war es Krieg am Auspuff, denn es ging um die Turbo-Motoren.
Die Turbo-Angst erreichte ihren Höhepunkt. Bernie Ecclestone zögerte sogar den Einsatz des BMW-Motors in seinem Brabham-Team hinaus. Bernie graute vor einer Turbo-Durststrecke a la Renault und Niki Lauda brachte es auf den Punkt: «Der Bernie möchte Zirkus machen, dafür genügen die Cosworth-Motoren, mit denen er am liebsten noch Jahrzehnte weiterfahren würde.»
Der Slalomlauf zwischen Cosworth und BMW erzeugte zwischen Brabham und

Tod beim Testen: Elio De Angelis starb am 15. Mai 1986 im Brabham-BMW Turbo in Le Castellet

Jean-Marie Ballestre (l.): Machtbessener Formel-1-Napoleon

BMW eine ungeheure Reibung. BMW steckte seine Fühler sogar nach anderen Teams wie Williams und McLaren aus. Nach einem Ultimatum «entweder, oder», das Dieter Stappert in Detroit dem Brabham-Team stellte, wo sich Piquet nicht qualifiziert hatte, setzte Brabham eine Woche später in Montreal erneut das Turbo-Auto ein, zähneknirschend und sehr widerwillig.

Doch es geschah ein Wunder: Sieg im fünften Rennen für den BMW-Turbo.

Zum Vergleich: bei Renault vergingen zwei Jahre bis zum ersten Sieg. Doch Renault war der Turbo-Pionier, die anderen bereits Nachahmer.

Dieter Stappert wird diesen 13.Juni 1982 nie vergessen: «Ich war überzeugt, dass uns der Sprit ausgehen wird». Aber Piquet fuhr weltmeisterlich. Er hatte sich optimal auf das verzögerte Ansprechen des Turbos eingestellt. Als er die Renaults überholte, drehte er sofort den Ladedruck zurück, um Sprit zu sparen.

Ecclestone hatte die Montreal-Arena frühzeitig verlassen. Stappert hatte ihn vorwurfsvoll angeblickt und ihm nachgerufen: «Jetzt gehst du weg, wo wir in Führung liegen?»

Bernie winkte ab: «Ich hab schon genug Rennen gesehen in meinem Leben» und ging grußlos ab.

In den letzten Runden ertappte sich Stappert dabei, wie er mit dem englischen Brabham-Mechaniker, der für Piquet die Boxensignale raushielt, «deutsch zu reden begann ...»

Nach dem Rennen stürzten Turbo-Vater Paul Rosche und Stappert zu einem Münzautomaten, um den BMW-Vorstand Hanns Erdmann-Schönbeck anzurufen.

«Den läut ma aussa» grinste Rosche, und der Mann in München – es war halb drei Uhr morgen – konnte die Siegesbotschaft aus Montreal kaum fassen.

Am gleichen Tag erschien «Auto, Motor u.Sport» mit der Headline: «BMW`s Blamage in der Formel 1»

Nach der Nichtqualifikation von Detroit schien dem Stuttgarter Fachblatt dieser Aufmacher gerechtfertigt. Dass eine Woche später BMW den Brabham zum Sieg treibt, war in Wahrheit kaum vorhersehbar.

Doch auch 1982 wurde kein Turbo-Pilot Weltmeister, sondern ein Sauger-Pilot: Keke Rosberg auf Williams.

1983 lag die Leistung der Turbomotoren zwischen 700 und 800 PS. Ein BMW-Turbomotor, wie ihn beispielsweise ATS einkaufte, kostete 153.000 Mark. Allein der Turbolader hatte einen Stückpreis von 6000 Mark. Immer noch wurden pro Rennwochenende bis zu drei Lader gewechselt. Der schwarze Kasten, in dem das elektronische Motoren-Management für Einspritzung und Zündung reingepackt war, kostete 24.000 Mark. Die Einspritzanlage, konkret die Pumpe samt dem elektrischen Stellmotor, rechts am Motor angeflanscht, war mit 28.000 Mark auch nicht gerade ein Schnäppchen.

Ein Ladeluftkühler kostete 18.000 Mark. Hält man sich diese Preise vor Augen, so bekam jene Tatsache ihren richtigen Stellenwert, die bei Ferrari gang und gäbe war: die Roten opferten im Abschlusstraining bewusst einen kompletten Motor, in dem sie ihm für ein-zwei Runden den vollen Ladedruck gaben.

Gemessen an den bekannten Preisen von BMW musste Ferrari die Pole-Position zwischen 100 und 200.000 Mark wert gewesen sein.

Die Saison 1983 war eine Materialschlacht wie noch nie und Nelson Piquet wurde der erste, von einem Turbomotor getriebene, Weltmeister.

Fachleute hatten prophezeit: Mit nur vier Zylindern sei gegen die V-6 oder V-8 Zylinder (von Alfa Romeo) ohnehin kein Lorbeerkranz zu gewinnen.
Aber wie so viele Prognosen, war auch diese falsch. BMW machte den Motor, Brabham das Chassis, einer wäre ohne dem anderen nie Weltmeister geworden.
Die PS-Suche beim Turbo kannte keine Limits. Man fand bei jedem Rennen «30 bis 50 PS» erinnerte sich der frühere BMW-Ingenieur Gerhard Schumann. Aber alles musste praktisch neu erfunden werden: Kolben, Kolbenbolzenlager, Schmierung, Turbolader, Einspritzung, die Härtung der Nockenwellen wurde zum Problem. Alle paar Runden mussten die BMW-Techniker den Verschleiß an der Nockenwelle messen. Die Motronic war ein faszinierender Kasten. Bestimmte Ladedrücke wurden programmiert, für das Qualifikationstraining gab es Chips für hohe Ladedrücke. Es war ein weiter Weg vom alten Doppelvergaser zum Bord-Computer.
Paul Rosche hatte sich von BASF einen Sprit mixen lassen, wie er im zweiten Weltkrieg für die Jäger der Luftwaffe zum Einsatz gelangte. Dank dieses Rezepts kam es zu keinen zerstörerischen Frühzündungen mehr, im Englischen «Detonations» genannt. Man konnte den Ladedruck im Quali bis auf 5.6 bar hochfahren, «das waren 1400 PS» sagte Rosche, «sicher waren es mehr, vielleicht 1450, aber der Prüfstand hatte bei 1400 sein Limit erreicht ...»
Gordon Murray, die kreative Künstlernatur aus Südafrika, wurde gefordert wie noch nie, um für den BMW-Turbo ein adäquates Chassis zu bauen: «Da war der Turbo, ein acht Kilo schweres Metalltrumm, das mitten im Auto 1000 Grad erreichte, in der Nähe des Spritsystems, dazu die Hitze des Intercoolers. Wir probierten Hitzschilder anzubringen, doch die Hitze strahlte überall hin, die Lager zwischen Turborad und Kompressor rieben sich fest. Als wir mit Boxenstopps experimentierten, das Auto 15 Sekunden stillstand, rieb sich der Turbolader fest. Das Hitze-Management nervte uns bis aufs Blut ...»
«Piquet lenkt, der Chip denkt» konnte man die Saison 1993 übertiteln.
Piquet hatte sich tief in die Weiterentwicklung des Turbos reingehängt. Er sah sich als Testpilot für eine neue Ära. Er motivierte das ganze Team, wenn alle, von den Turbo-Launen zerstört, am Boden lagen. Er zog alle hoch, er war hungrig auf Erfolge und er hatte seine Fahrtechnik ständig verbessert, denn es galt vor der Kurve am Gas zu stehen, damit am Ausgang der Schub einsetzte.
Aber schon standen Honda und Porsche mit neuen Turbomotoren in den Startlöchern.
Nach dem ersten Formel 1-Leben (1964 bis 1968) hatte sich Honda sein zweites Formel 1-Ticket nicht bei Williams, sondern 1983 zunächst bei dem unbedeutenden britischen Spirit-Rennstall gelöst. Die Japaner steckten ihren Treibsatz für Testfahrten in ein Formel 2-Fahrgestell, dann entwarf der Ex-McLaren Designer Gordon Coppuck ein neues Chassis. Das Renndebüt des Spirit-Honda beim «Race of Champions» endete mit einem Ausfall. Der Belgier Thierry Boutsen wurde von den Japanern ausgebootet, Stefan Johansson übernahm sein Spirit-Cockpit. Der V-6 Turbo mit einer hochgestochenen Elektronik war konkurrenzfähig, das Chassis nicht. In Silverstone gab Johansson dem Spirit-Honda erstmals bei einem WM-Lauf die Sporen.
Im Hintergrund lauerte Frank Williams auf einen Honda-Deal. Nebenbei verhandelte er mit BMW. Als der Brite in Japan bei Honda einen Lokalaugenschein

machte, sah er mit eigenen Augen, welche Ressourcen im fernen Osten zur Verfügung standen: «Wenn bei BMW sagen wir zehn oder zwanzig Leute an einem Turbo-Projekt arbeiten, meinetwegen sollen es fünfzig sein, so kann Honda, wenn es sein muss, zweitausend Mann in die Schlacht werfen ...»
Frank war aber ein stolzer Teamchef, er ließ sich umwerben und Honda benützte Spirit fast zehn Monate lang als fahrbaren Prüfstand, und das führte zu der klaren Aussage: Die Japaner brauchten viel länger als Porsche, um ihre Turbo-Hausaufgaben zu machen.
Das lag einerseits daran, dass Spirit ein jämmerliches Chassis bastelte, doch was Hondas Motorenleute an Turbo-Lehrgeld zahlten, lag in astronomischen Höhen.
Am 28. August 1983 schickte McLaren in Zandvoort den bei Porsche entwickelten TAG-Turbo erstmals ins Feuer. Niki Lauda fehlten auf den Pole-Mann Piquet frustrierende 4.5 Sekunden. Nach 25 Runden gab er auf, der McLaren hatte keine Bremsen mehr.
BMW atmete auf: McLaren koche eben auch nur mit Wasser, hörte man von Rosche und Stappert. Sogar Niki machte sich keine Illusionen, aber für ihn stand fest: «Da müssen wir durch, da führt kein Weg vorbei.»
Alle Miesmacher hatten letztlich unrecht, denn Lauda hätte beinahe das letzte Rennen der Saison 1983 gewonnen. Die Standfestigkeit des TAG-Turbo war erstaunlich, er lief bereits bis zu 700 km, die Randprobleme konnten daher im Zeitraffer gelöst werden. Renault konnte 1977, in seiner ersten Turbo-Saison, nicht einmal Reifentests fahren, weil die Motoren nur wenige Runden hielten.
In Kyalami 1983 begann auch die Ehe Honda mit Williams. Rosberg und Laffite waren mit dem Williams-Honda fast so schnell wie die Schnellsten.
1984 war das Jahr des Niki Lauda und des Alain Prost.
Im McLaren-Konstruktionsbüro spielte man vor Saisonstart ein Spielchen: Jeder deponierte ein Kuvert, in dem die Anzahl der McLaren-Siege zu erraten war. Selbst die größten Optimisten tippten nur drei Siege, mit 12 Siegen hätte niemand auch nur im Traum gerechnet.
12 Siege: sieben für Prost, fünf für Lauda, wer durfte sich vom Erfolgskuchen das größere Stück abschneiden? Die Deutschen mit ihrem Motor? Oder die Engländer mit dem Chassis?
Aber es war wie immer, nur das nahtlose Gesamt-Paket ergibt ein Siegerauto.
McLaren-TAG hatte Porsche einen Entwicklungsauftrag über einen V-6 Turbomotor gegeben, dessen Entstehungskosten rund 20 Millionen Mark betrugen. McLarens Chefdesigner John Barnard kreierte die sogenannte Flaschenhals-Form, die im Windkanal 20 Prozent mehr Anpressdruck brachte, ohne dass der Widerstand anstieg.
McLaren ließ die Rümpfe des MP4/2 bei Hercules in Salt Lake City (USA) aus Kohlefaser «backen. Nur solche Carbon-Monocoques bauten jene Steifigkeit auf, die ein Turbomotor verlangte, der 1984 an der 1000 PS-Marke schrammte.
Mit der französischen Firma SEP hatte Barnard Carbon-Bremsscheiben entwickelt, die gegenüber herkömmlichen Stahl-Scheiben einen bis zu 30 Prozent kürzeren Bremsweg produzierten, «doch das Limit sind nicht die Bremsen, sondern die Reifen» betonte Barnard. Carbon-Scheiben sparen 9 kg Gewicht, aber sie sind thermisch empfindlich und nur dann optimal, wenn sie in einem bestimmten Temperaturbereich arbeiten.

Prost hatte etliche Dreher, die auf blockierende Carbon-Bremsen zurückzuführen waren.
Kernstück des Erfolges war der von Porsche entwickelte V-60 Grad Turbo Sechszylinder. Man durfte für dieses kompakte Kraftwerk eine Leistung zwischen 800 und 950 PS einsetzen. Das Entscheidende war: Lauda und Prost konnten im Rennen einfach mit mehr Leistung die Gegner ärgern, ohne sich um den Verbrauch Sorgen zu machen.
Anders gesagt: McLaren und Porsche holten aus einer Tankfüllung von 220 Liter den weitaus größten Speed heraus. Dass der Motor so effizient lief, ging auf das elektronische Steuergerät MP1.3 zurück, das der Dipl. Physiker Dr. Udo Zucker bei Bosch entwickelte.
Erinnert sich Dr. Zucker: «Wir haben uns damals für eine Voll-Elektronik und gegen die Hochdruck-Einspritzung stark gemacht.»
Lauda/Prost schalteten bei 11.500 Touren. Der MP4 war das überragende Auto, Top-Speed, Bremsen, Turbo-Ansprechverhalten, Sprit-Konsum, Aerodynamik und Standfestigkeit waren konkurrenzlos. Die Elektronik allein, die der Konkurrenz die Tränen aus den Augen trieb, soll 20% der Gesamtentwicklungskosten des TAG-Turbos verschlungen haben. Computerprogramme sorgten für die optimale Gemischbildung. Im Steuergerät wurden Zündung und Einspritzung bearbeitet, neben Drehzahl und Ladedruck wurden Motortemperatur und Ladelufttemperatur vom Rechner berücksichtigt, in 1,6 Millisekunden abberufen und zu neuen Zündungs- und Einspritzbefehlen für jeden Zylinder umgesetzt.
Lauda und Prost waren intelligent genug um dieses überlegene Projekt nicht durch persönliche Rivalitäten zu stören. Niki wurde mit einem Punkt Vorsprung auf Prost Weltmeister.
Unter den großen Verlierern dieser Saison befand sich vor allen anderen Keke Rosberg mit Williams und Honda. Chassis und Honda-Power fanden keine Harmonie. Das Chassis, in guter, alter Alu-Monocoque Technik gehalten, war im Vergleich zum Carbon-Chassis der McLaren so weich wie eine Hängematte. Mit Fortdauer der Saison häuften sich bei Honda die Motorschäden, der Spritverbrauch war zu hoch. Dass es in Dallas den ersten Sieg für Williams-Honda gab, war eher ein Zufall. Keke gewann durch seine großartige Fähigkeiten zum Improvisieren, denn der Asphalt brach auf und die Strecke wurde immer mehr zu einer Rallye-Sonderprüfung auf Sand.
In Zandvoort stand Hondas oberster Entwicklungschef Kawamoto in der Williams-Box, als Rosberg mit einem feuchten Fleck im Tank ausrollte. Gleichzeitig musste er mit ansehen, wie Prost-Lauda zu einem neuerlichen Doppelsieg durch die Dünen strömten.
In diesen Augenblicken der Demütigung fasste Kawamoto, Herr über 7000 Ingenieure, den Entschluss: so machen wir nicht weiter. Und er setzte alle verfügbaren Gehirne auf den Formel 1-Motor an.
Der Honda-Geheimdienst soll sich damals an deutsche Mahle-Kolben herangemacht haben, erzählten die Williams-Leute, und erst dank des deutschen Knowhows konnten die Japaner ihre Kolben-Defekte, die an das Bleigießen zu Silvester erinnerten, stoppen.
Jener Motor, der ab Juni 1985 die Williams von Rosberg und Mansell zu einem neuen Höhenflug trieb, sollen in einem Hotelzimmer entstanden sein. Aber viel-

Gerhard Berger, Helmut Zwickl: Smalltalk fünf Minuten vor dem Start

ROVER ROVER ROVER ROVE
FOSTER'S

Paul Rosche: Der Mann, der bei BMW den stärksten Turbo entwickelte

leicht ist das nur eine schöne Sage, der zufolge die beiden Ingenieure Ichida und Goto vier Wochen in Klausur gingen um mit Kugelschreibern und Taschenrechnern ausgerüstet, eine neue Motoren-Generation zu erfinden. Als ihr Basis-Konzept fertig war, lieferten sie es der Honda-Entwicklung aus, die es mit gewaltigem Men-Power umsetzte.

Ab Mitte 1985 agierten die Honda-Japaner neben der Williams-Fabrik in Didcot in einem eigenen, kleinen Motoren-Zentrum. Rund 20 Leute waren hier mit dem Zusammenbau und dem Service der Renn-Turbos beschäftigt. Eine ameisenhafte Truppe, die fern der Heimat den Turbo-Krieg für Japan gewinnen half. Sie waren Legionäre auf einem Vorposten, von dem sie die Eroberung des Sinnlosen mit voller Hingabe vorantrieben.

Williams-Cheftechniker Patrick Head damals: «Alles, was wir vor Juni 1985 probierten, war Zeitvergeudung, da wir nie den richtigen Motor hatten.»

Alain Prost allerdings wurde Weltmeister, weil McLaren und Porsche ihren sensationellen Vorsprung aus dem Jahre 1984 noch bis in die zweite Halbzeit 1985 hinüber retten konnten.

Hondas Offensive war konkurrenzlos. Bei Testfahrten sollen in jenem Sommer nicht weniger als 59 (in Worten: neunundfünfzig!) Motoren geopfert worden sein. Eines Tages hatte sich das Crash-Programm gelohnt, Honda-Motoren wurden unschlagbar.

Noch bevor in Adelaide Nigel Mansells Hinterreifen explodierte, lange vor diesem Finale, in dem Prost der zweite Titel wie ein Ball zuflog, den er überrascht nur aufzufangen brauchte, hatte es in der Ehe Williams mit Honda gekriselt.

Der smarte Ron Dennis war bereits in Japan gewesen, und er hatte sich mit Honda zu einem Punkt hinverhandelt, an dem ein Deal unterschriftsreif war.

Patrick Head, der bei Williams zur Schlüsselfigur aufstieg, seit Frank im Rollstuhl saß, ahnte was sich in Japan zusammenbraute. Und er war nicht untätig.

So erinnert sich Renault-Teamchef Jean Sage, «dass Patrick im Juli 1986 bei uns war und wir uns mit Williams für 1987 völlig einig waren. Doch plötzlich wurde er von Honda nach Japan gerufen ...»

Honda war mit McLaren doch nicht klar gekommen. Offenbar hatte Ron Dennis die schwer einschätzbaren Japaner überfordert. Das war ihm eine Lehre für eine Zusammenarbeit mit den Japanern, die dann später wunderbar funktionieren sollte.

Damals freilich wurden die Verhandlungen abgebrochen und Honda legte sich nochmals mit Williams ins Bett. Zur Sicherheit angelten sich die Japaner auch noch das Lotus-Team. Was Willliams gegen den Strich ging und die Konfliktsituation verschärfte.

Die Japaner waren von Lotus geblendet, vor allem von einem Senna, der bis Juli 1986 mit seinem Lotus-Renault fünfmal auf Pole stand. Die Japaner tippten auf ihren Computern herum und sagten sich: «Wir haben den stärksten Motor, wieso steht nicht unser Williams ständig auf Pole?»

Dass Lotus die Pole-Serie mit einem Chassis-Trick holte, der in der Formel 1 als «illegal» galt, haben ihre Computer-Gehirne nicht ausgedruckt. Und da Honda die Gage des Nelson Piquet, immerhin 3.3 Millionen Dollar, voll übernommen hatte, erwarteten sich die Japaner von Williams nichts anderes als den WM-Titel.

Da gab es aber Nigel Mansell, der das Wunschdenken der Honda-Strategen zer-

störte. Er duellierte sich mit Piquet so lange um den WM-Titel 1986 bis der Weltmeister Alain Prost auf McLaren-TAG hieß.
Frank Williams und Patrick Head sind reinrassige Racer, sie geben bis heute keine Stallorder aus, obendrein ließen sie sich von den Japanern nicht fernsteuern. Als sie jedoch sahen, wohin die interne Vernichtungsschlacht führte, wollten sie im Juli 1986, sicher auch auf Druck von Honda, den Mansell, was 1987 betraf, aus seinem Vertrag kippen, indem Frank zu ihm sagte: wir zahlen dir nicht, was du verlangst.
Worauf Mansell bei Ferrari einen Vorvertrag unterschrieb. Als die Honda-Bosse davon erfuhren, gerieten sie in Panik und forderten von Williams: holt den Mansell zurück. Was auch geschah.
Die Japaner sagten sich: wenn es 1987 mit Lotus und Senna doch nicht klappt, brauchen wir den Mansell vielleicht doch noch.
Mansell brach seinen Ferrari-Vertrag und Honda erklärte sich bereit, 1987 nicht nur Piquets Salär zu übernehmen, sondern auch Mansell auf die Payroll zu setzen.
Mansell freilich hatte 1987 ein klares Feindbild: «Die wollen nicht, dass ich Weltmeister werde.»
Hondas Strategie, Senna auf den WM-Thron zu setzen, ging nicht auf.
Dann kam es zur berühmten Rochade. Senna sprang von Lotus zu McLaren ab. Piquet rächte sich an Williams, er unterschrieb für 1988 und 1989 bei Lotus. Vorher wurde er auf Williams-Honda Weltmeister 1987.
1988 wurde Senna auf McLaren-Honda Weltmeister. Piquet ging bei Lotus mit einem schlechten Auto auf Tauchstation.
Die McLaren-Honda Partnerschaft schrieb Formel 1-Geschichte. Sie schlug alle bis dato gültigen Rekorde. Honda sah ein, McLaren genügt uns, um die Formel 1 zu beherrschen. Man teilte Lotus im Mai 1988 mit, dass die Triebwerks-Lieferungen zu Saisonende eingestellt werden.
Honda holte sich 40 Siege in der Turbo-Ära. Danach folgte Porsche mit 25, vor Renault mit 20, Ferrari mit 15 und BMW mit 9 Siegen.
Ferrari spielte in der Turbo-Ära eine eher untergeordnete Rolle. Alain Prost wurde der Top-Star dieser abenteuerlichen Ära, alle seine 35 Siege waren Turbo-Siege. Musste Ron Dennis bei Porsche jeden Entwicklungsschub bezahlen, so kostete ihm das Honda-Wettrüsten keinen Penny. Mehr noch: Honda zahlte noch Millionen zu dem 35 Millionen Dollar-Jahresbudget von McLaren dazu.
Die Japaner setzten mehr Gehirne, mehr Geld, mehr Prüfstände, mehr Tests ein, um den besten Turbomotor der Formel 1 zu entwickeln. Sie legten ständig nach, sie setzen faszinierende Computer-Spiele und neue Materialien ein. Immer wenn Ferrari dachte, jetzt haben wir aufgeholt, setzten sich die Japaner mit einem neuen Entwicklungs-Schub ab.
BMW-Turbomotoren leisteten bis zu 1300 PS im Jahre 1986 bei 5.2 bar Ladedruck.
Honda-Motoren, auf 2.4 bar kastriert, drehten 1988 bis knapp 14.000 Touren, was die Leistung in den Bereich von 700 PS rückte.
Die Turbos, auf reine Leistung ausgelegt, brauchten anfangs 280 Gramm Sprit pro PS und Stunde. Zuletzt hatte man sie auf 190 Gramm pro PS und Stunde entwöhnt: Diese Werte gab mir BMW-Megatron Ing. Gerhard Schumann.

Der Fortschritt in Metallurgie, elektronischem Motoren-Management, Verschleißminderung und Effizienz war atemraubend.
Der Krieg am Auspuff war finanziell gesehen für alle Beteiligten ein Fass ohne Boden. Honda soll die ersten drei Formel 1-Jahre 200 Millionen Dollar in die Turbo-Entwicklung gesteckt haben.
Paul Rosche erinnert sich heute noch mit Grauen an die Turbo-Anfänge und besonders an jenen Test in Ricard, als in einer Woche elf Motoren hochgingen.
Renaults Pressesprecherin Marie-Claude Beaumont erinnert sich an jenes Wochenende in Zandvoort, wo man für die Ladeluftkühler Eis auftreiben musste. Nur am Fischmarkt fand man welches.
Der Fischgeruch war damals stärker als der scharfe Sprit-Geruch ...
Ferrari spielte in der Turbo-Ära eine eher untergeordnete Rolle. Alain Prost wurde der Top-Star dieser abenteuerlichen Ära, alle seine 35 Siege waren Turbo-Siege.
Musste Ron Dennis bei Porsche jeden Entwicklungsschub bezahlen, so kostete ihm das Honda-Wettrüsten keinen Penny. Mehr noch: Honda zahlte noch Millionen zu dem 35 Millionen Dollar-Jahresbudget von McLaren dazu.
Die Japaner setzten mehr Gehirne, mehr Geld, mehr Prüfstände, mehr Tests ein, um den besten Turbomotor der Formel 1 zu entwickeln. Sie legten ständig nach, sie setzen faszinierende Computer-Spiele und neue Materialien ein. Immer wenn Ferrari dachte, jetzt haben wir aufgeholt, setzten sich die Japaner mit einem neuen Entwicklungs-Schub ab.
BMW-Turbomotoren leisteten bis zu 1300 PS im Jahre 1986 bei 5.2 bar Ladedruck.
Honda-Motoren, auf 2.4 bar kastriert, drehten 1988 bis knapp 14.000 Touren, was die Leistung in den Bereich von 700 PS rückte.
Die Turbos, auf reine Leistung ausgelegt, brauchten anfangs 280 Gramm Sprit pro PS und Stunde. Zuletzt hatte man sie auf 190 Gramm pro PS und Stunde entwöhnt: Diese Werte gab mir BMW-Megatron Ing. Gerhard Schumann.
Der Fortschritt in Metallurgie, elektronischem Motoren-Management, Verschleißminderung und Effizienz war atemraubend.
Der Krieg am Auspuff war finanziell gesehen für alle Beteiligten ein Fass ohne Boden. Honda soll die ersten drei Formel 1-Jahre 200 Millionen Dollar in die Turbo-Entwicklung gesteckt haben.
Paul Rosche erinnert sich heute noch mit Grauen an die Turbo-Anfänge und besonders an jenen Test in Ricard, als in einer Woche elf Motoren hochgingen.
Renaults Pressesprecherin Marie-Claude Beaumont erinnert sich an jenes Wochenende in Zandvoort, wo man für die Ladeluftkühler Eis auftreiben musste. Nur am Fischmarkt fand man welches.

Der Fischgeruch war damals stärker als der scharfe Sprit-Geruch ...

Genießt heute noch Heldenverehrung: Gilles Villeneuve

8

Der Gigant

Gilles Villeneuve, der Vater von Jacques, war der furchtloseste Formel 1 Pilot der letzten Jahrzehnte. Seine Furchtlosigkeit erinnerte an die Naivität eines Kleinkindes.

Eines Nachts läutete bei Walter Wolf das Telefon. Am anderen Ende war Chris Amon. «Wally», sagte Amon, «ich erzähl dir was. Dieser Villeneuve war nach 20 Runden in unserem Can-Am-Auto um zwei Sekunden schneller als ich. Wie das sein kann, ist mir ein Rätsel. Ich halte diesen Burschen für das größte Talent seit Jimmy Clark. Ich ziehe meinen Helm vor ihm und dir empfehle ich, setz Villeneuve und nicht mich in dein Auto.»
Sein Einstieg in die Formel 1 war furios. Als Niki Lauda 1977 bei Ferrari kündigte, wurde für den Kanadier ein Sitz frei, den er bis zum 8. Mai 1982 innehatte.
In Mosport 1977, als er erstmals einen Ferrari bewegte, hat er sich pausenlos gedreht – doch er war sofort sagenhaft schnell.
Gleich beim zweiten Rennen in Fuji benützte er Ronnie Peterson als Abschussrampe für einen gewaltigen Luftsprung, der beinahe vorweggenommen hätte, was fünf Jahre später in Zolder passieren sollte.

Gilles Villeneuve, Jahrgang 1950, gebürtiger Kanadier, blieb unverletzt, es gab allerdings zwei Tote unter den Zuschauern.
Gilles war niemandem geheuer. Man war sich lange nicht im Klaren, ob diese kleine Jockey-Figur ein begnadetes Talent oder ein potentieller Selbstmord-Kandidat sei.
Er war immer am Limit, egal ob das Rennauto gut oder eine Gurke war. Er taktierte nie, war immer in Kampfstimmung, er setzte sich bis zur Selbstaufopferung ein. Ferrari hatte nach Niki Lauda wieder einen Helden, so wie in alten Tagen, jemand der bereit war, für Ferrari zu sterben. Bei allem Heldentum hat er freilich nie versucht, jene Todsünde zu begehen, die viele Fahrer in Maranello versucht hatten, nämlich mehr Strahlkraft aufzubauen, als die Marke selbst erzeugen konnte.
Er hatte mörderische Unfälle. Er kollidierte mit Clay Regazzoni in Long Beach und er flog in Imola gegen die Mauer. Er stieg in der Woodcote-Schikane von Silverstone auf, als er sich mit dem federungslosen Ferrari nicht scheute, die Randsteine in die Ideallinie einzubeziehen.
Unvergessen seine Show im Grand Prix von Holland 1979. Da flog er mit seinem Ferrari wegen eines Reifenplatzers von der Straße, doch er katapultierte sich wieder auf die Piste, auf drei Rädern wuchtete er das Auto um den Kurs, das linke Hinterrad nachschleifend, immer mehr Teile verlierend.
Niemand fuhr so quer wie Gilles. Seine Drifts mit den superbreiten Slicks brachten die Fotografen in Verzückung.
Er steckte alle Crashs sofort weg, er war nie geschockt, nie nachdenklich, eher ungehalten, wenn man ihn auf seinen Schrotthaufen ansprach.
Mit seinem Teamkollegen Didier Pironi spielte er eine Art Russisches Roulette. Man fuhr mit den Ferrari-Dienstautos auf der Italienischen Autostrada mitten im Verkehr Vollgas. Man fuhr Slalom mit Tempo 300, und die Spielregel hieß: wer zuerst abdreht, hat verloren.
Gilles war ein Extremist, egal ob er im Rennwagen oder im Privatauto saß, oder in seinem Power-Boat an der Cote d` Azur über die Wellen preschte, sein Risiko hatte kein Limit. Selbst im Hubschrauber fühlte er sich unsterblich, Flugplanung war ein Fremdwort.
Einmal flog er von Nizza nach Zeltweg, unterwegs ging dem Hubschrauber der Sprit aus. Gilles landete auf einer Wiese und tankte von dem mitgeführten Reservekanister. In Cannes musste er einmal notlanden. Er besorgte sich Kerosin von einem Flugplatz, Walter Wolf erinnert sich: «Dann gingen in den Tank genauso viele Liter rein, wie er Fassungsvermögen hatte. Das hieß, Gilles ist den Tank leergeflogen ...»
Derek Warwick sagte einmal über Gilles: «Mir kam vor, als sei er von einer Todessehnsucht befallen.»
Die Freundschaft mit Didier Pironi endete am 25. April 1982 in Imola, als ihm der Franzose den Sieg im San Marino Grand Prix wegschnappte. Beide Ferrari führten mit 45 Sekunden vor Alboreto. Die Box signalisierte «SLOW», Gilles drehte sofort ab, die Ferrari mussten mit dem Sprit haushalten. In der letzten Runde sah sich Villeneuve von Pironi listig überrumpelt. Als er Pironis Manöver durchblickte, war es zu spät zum Reagieren. Mit drei Zehntel Rückstand wurde er Zweiter, um sofort nach der Siegerehrung davon zu stürmen.
Von dieser Stunde an herrschte zwischen den beiden «Krieg».

Für John Watson stand fest: «Pironi konnte Gilles auf der Piste kaum besiegen, daher wollte er ihn mental beschädigen, und er hatte die Kapazität dazu.»
Dass Gilles überhaupt 67 Grand Prix alt geworden ist, von denen er sechs gewinnen konnte, war allein schon ein Wunder.
Sein Abgang am 8.Mai 1982 im Training zum Grand Prix von Belgien in Zolder, war so, wie er immer gewillt war zu leben: Jenseits von Gut und Böse.
Ein Missverständnis, das nach Ansicht der meisten Fahrer, von Jochen Mass produziert worden ist, auf den Villeneuve in einer «Alles-oder-Nichts» Quali-Runde nach einer Kuppe auflief, stellte die Weichen zu einem der schlimmsten Abflüge in den Tod, die es in der Formel 1 jemals gegeben hat.
Niki Lauda, als er die TV-Bilder gesehen hatte, fand es «völlig falsch, dass man Villeneuve die Alleinschuld anhängt und Mass sich mit Phrasen wie «Part of the Game» abputzt.»
Für Lauda war der Gilles Villeneuve «ein Gigant. Ehrlich gesagt, hätte ich ihn nie als Team-Kollegen haben wollen, denn das wäre ein Duell auf Leben und Tod geworden ...»
Gilles Sohn Jacques hat die Gene seines Vaters. Er wurde 1997 Formel 1 Weltmeister, und was ihn von den Plastik-Heinis der Formel 1 abhob, war die Tatsache, dass er eine Persönlichkeit ist, die sich vom System nicht vereinnahmen ließ.
Er war ein Querdenker, er sagte immer, was er sich dachte. Damit eckte er nicht nur bei seinen Kollegen, sondern auch bei der Sporthoheit immer wieder an.
Von Jacques Villeneuve hat sein Physiotherapeut, der Salzburger Erwin Göllner, folgende Geschichte überliefert:
Es passierte in Belgien, in dem Land, in dem sein Vater starb, aber es geschah nicht in Zolder, sondern in Spa-Francorchamps.
Samstag früh, bei der morgendlichen Massage, ließ Jacques durchblicken, dass heute der Tag sei, an dem er im Qualifying einen schweren Crash riskieren würde. Jacques fragte, ob ihm Göllner nicht prophylaktisch ein Mittel geben könne, das den zu erwartenden Schmerz lindern könne.
Göllner gab ihm homöopathische Tropfen, so wie man sie Boxern vor einem Kampf gibt, damit sie die Schläge leichter verdauen.
Villeneuve hatte jene Kurve im Sinn, in der sich seit vielen Jahren der Spreu vom Weizen trennt: er versuchte die berüchtigte Senke von Eau Rouge voll zu fahren.
Was mit einem kapitalen Abflug endete.
Wie ein Mensch diesen Horrorcrash wegstecken kann, um wenig später cool und ungerührt im Ersatzauto weiterzumachen, ist völlig unbegreiflich.

Aber Formel 1-Piloten sind eben eine besondere Spezies Mensch.

Ayrton Senna: als er starb, fiel die Sonne vom Himmel

9

Der endgültige Rennfahrer

Eines Tages wollte Gott einen Rennfahrer erschaffen.
Den endgültigen.
Er legte in das Gen-Blättchen alles rein,
was den endgültigen Rennfahrer ausmacht:
Talent, Mut, übernatürliche Reflexe, Egoismus,
Ehrgeiz, Rücksichtslosigkeit, hohe Intelligenz,
Instinkt, Weitblick, Intuition, Ausdauer, Zähigkeit,
Gnadenlosigkeit, Härte, Lernfähigkeit, List,
Tücke, technischen Spürsinn, Sensibilität,
Charisma und Askese.

Dann nannte er ihn Senna ...

Am 21.März 1960 kam in Sao Paulo ein Kind zur Welt, dessen Vater Milton da Silva und dessen Mutter Neyde, nicht ahnen konnten, was ihnen der liebe Gott untergejubelt hatte.
Ayrton, diese Mischung aus spanischem Vater und italienischer Mutter, sollte tatsächlich anders werden, als die beiden Geschwister, die Viviane und der Leonardo.
Der liebe Gott hatte schlicht und einfach den Rennfahrer aus der Retorte geschaffen. Er griff dabei nicht in die alten, längst ausgeschmierten Tiegeln der Gen-Technik, sondern in neue, bisher unbekannte.
So und nicht anders muss Ayrton entstanden sein, der sich später mit dem Mädchenname seiner Mutter – Senna – etikettierte.
Seine weitere Biographie könnten wir uns schenken. Mit der Geburt war er DER Senna. Nachher ist er nur gewachsen und der vorprogrammierte Selbstlerneffekt griff durch.
Die Geschichte des Ayrton Senna ist eine Geschichte, in der alle Menschen, die mit ihm näher zu tun hatten, in ein Wechselbad zwischen Kniefall und Feindbild eintauchen, weil sie diesem Retortenkind der Vollgasbranche nicht gewachsen waren.
Der Begriff «Kind» war auch keine Übertreibung, denn dieser Senna wollte wie ein Kind geliebt werden, seine Sehnsucht nach Streicheleinheiten wurde nur von einem völlig irrationalen Ehrgeiz übertroffen. Wenn er diese Einheiten nicht bekam oder Krisen auftauchten, konnte er einen atombombensicheren Selbstschutz aufbauen, hinter dem er die Kraft für neue Taten sammelte.
Seine Schmerzgrenze war variabel, wie das Bio-Wetter. Einmal lag sie tiefer, einmal höher, dann wieder schien er überhaupt keine zu haben.
Durch die Bandbreite seiner ungeheuren Sensibilität empfing er aus seinem Rennauto Signale, die andere überhörten.
Mit vier Jahren fuhr er in Interlagos mit einem Kart herum, das ihm sein Vater gebaut hatte. Der Vater, ein Ingenieur, kaufte sich einst Ländereien, auf denen er Viehwirtschaft betrieb. Die Milton da Silvas sind in einem armen Land bereits vermögend gewesen, noch bevor ihr Wunderknabe seine Millionen verdiente.
Kinder spielen mit Eisenbahnen, sie spielen Indianer, Räuber und Gendarm, Höhlenforscher oder Cowboy. Klein-Senna spielte mit Karts, fast täglich, am liebsten im Regen. Er wuchs mit Motoren auf, er konnte Vergaser einstellen, bevor er Schreiben konnte. Sein Kindergarten war die Haftgrenze. Michael Schumachers Kindheit lief genauso ab. Und Gerhard Berger fragte sich, «ob ich gegen Senna womöglich bessere Chancen gehabt hätte, wenn mich mein Vater auch mit vier Jahren in ein Kart gesetzt hätte ...»
Mit 13 erster Kart-Sieg in Interlagos. 1977 reitet er ein 100ccm Kart in der Südamerikanischen Meisterschaft zum Sieg. 1978 das große Doppel: Sieg in der Brasilianischen, Sieg in der Südamerikanischen Meisterschaft. Dazu noch Sechster bei der Kart-WM in Le Mans.
1979 wird er Zweiter in der Kart-WM von Estoril, zu Hause hängt er sich wieder den Meistertitel um. 1980 WM-Zweiter in Nivelles, und wieder Brasilianischer Meister. Besuch in England bei Van Diemen und Ralph Firman um sich in der Formel Ford 1600 umzusehen.
1981 bringt ihn sein Freund Chico Serra bei Van Diemen unter. Beim ersten Rennen in Brands Hatch Fünfter, im zweiten Rennen Dritter. Dann stempelt er fern der

Heimat zwölf Siege in die Britischen Pisten. Und wird Formel Ford Champion.
Für alle, die glauben, mit sechsten und achten Plätzen wären sie bereits ein Talent für die Formel 1: Senna siegte in diesem Frühstadium seiner Karriere alles in Grund und Boden.
1982 wurde er Europameister und Britischer Meister auf einem Van Diemen. 22 Siege, 22 Pole Positionen, keine «Wenn» und «Aber», keine Warmlauf-Phasen.
Als er Ende 1982 vom Formel Ford in einen Formel 3 Ralt von Dick Bennett steigt, fährt er Pole und gewinnt.
Die Formel 1 wird hellhörig. Senna lehnt alle Angebote ab. Lieber legt er 1983 noch ein Formel 3-Jahr ein, mit Dick Bennets Ralt: 12 Siege, Meistertitel, Senna ist der neue Rennbahn-Hit.
Gerhard Berger trifft erstmals mit ihm beim Formel 3 Grand Prix von Macao zusammen, und erinnert sich: «Er nahm mir in jeder Kurve ein paar Meter ab. Schon damals war er für mich das Maß aller Dinge. Er hat gewonnen, ich bin Dritter geworden.»
Berger wurde schon damals zum Senna-Fan.
Senna war schnell wieder Single, seine kurze Ehe mit einem Mädchen namens Liliane war bereits 1982, nach einjähriger Dauer geschieden worden.
Ende 1983 gab es bei McLaren einen Nachwuchstest. Senna, Stefan Bellof und Martin Brundle fuhren alle fast gleichschnell, aber Senna riss Ron Dennis noch ein paar Zusatzrunden raus, in denen er dann der Schnellste war.
Martin Brundle, der sich mit Senna bereits durch die Formel 3-Saison duelliert hatte, muss heute noch beschämt zugeben: «Senna war eben cleverer als wir. Während ich in tiefer Ehrfurcht bei Tyrrell ein Formel I Ticket entgegennahm, hatte Senna nicht die geringste Ehrfurcht vor der Formel 1 ...»
Ron Dennis nahm ihn auf die Warteliste, Toleman griff zu.
1984 tauchte er in der Formel 1 auf. Das war jenes Jahr, in dem Niki Lauda gegen Alain Prost seinen dritten WM-Titel mit einem halben Punkt Vorsprung erwischte.
Sennas Resultate auf dem Toleman-Hart waren eindrucksvoll: Sechster in Südafrika und Belgien, Zweiter in Monaco, Siebter in Canada, je ein dritter Platz in England und Portugal..
Der Regen-Grand Prix von Monaco, in dem Lauda durch einen Dreher ausschied, wurde Sennas erste große Heldentat in der Formel 1. Es regnete ganz fürchterlich und als Rennleiter Jacky Ickx nach 31 Runden abbrach, rettete er Alain Prost den Sieg.
Senna aber war der Mann des Rennens.
«Zwei Runden mehr, und ich hätte gewonnen» sagte er tief enttäuscht, und Prost bestätigte diese Aussage: «Stimmt, denn meine Bremsen waren am Ende ...»
Vielleicht war das nur eine Ausrede, denn dieser Senna konnte gewissermaßen über Wasser gehen, wie Jesus Christ Superstar.
1984 wollte ich in Zandvoort mit Senna ein Interview machen. Bekannt war bereits, dass dieser Knabe nicht spricht. Er gab keine Interviews. Er war nur auf das Rennen fixiert und niemand durfte ihn dabei stören.
Am Donnerstagnachmittag, wo alle noch sehr locker sind, fragte ich ihn, ob wir reden könnten. Senna stand vor einem Reifen-Stapel und antwortete: «Jetzt nicht, ich bin beschäftigt.» Es ginge erst in einer Stunde.

Sennas Beschäftigung bestand darin, dass er die nächste Stunde im Michelin-Camp vor einem Reifenstapel herumschlich und sich in die schwarze Magie versenkte. Er bückte sich immer wieder, schlich um die Reifen, blieb stehen, prüfte mit seinen Fingernägeln die Härte des Gummis, kniete nieder, prüfte, ritzte den Gummi, knetete Gummikugeln, er schien Zwiesprache zu halten mit der schwarzen Mauer. Alles sah wie eine komische Pantomime aus.

Nach einer Stunde kam es zu unserem Interview. Dabei gewann ich sofort den Eindruck, dass ich ihm wertvolle Zeit stehlen würde. Mit meiner ersten Frage, konnte ich immerhin seine Aufmerksamkeit gewinnen.

Ich sagte: «In Brands Hatch gratulierte dir Niki zum dritten Platz mit den Worten: Aus Deinem Holz sind die Champions geschnitzt ...»

«Ja», nickte er, «es ist wunderbar, wenn man so ein Kompliment aus dem Mund eines Lauda hört.»

Und dann fügte er hinzu: «Ein herrliches Gefühl, wenn man Anerkennung findet, wenn die anderen deine Hingabe zum Rennsport realisieren. Daraus schöpfe ich meine Motivation.»

Er war ganz das Kind, das sich nach Streicheleinheiten sehnte.

Themenwechsel. In Hockenheim war ihm der Heckflügel gebrochen.

«Ich hatte keine Kontrolle mehr über mein Auto. Ich kämpfte um mein Leben. Ich weiß nicht ob es geholfen hat oder ob ich aus reinem Glück unverletzt ausstieg.»

Zwischendurch fragte ich: «Was tust du für die Kondition?»

«Nichts Besonderes. Ich laufe sehr viel»

Man sagte ihm damals nach, er habe keine gute Kondition. Und als ich das zur Sprache brachte, wurde er sofort steif und unwirsch. Der ist ja sensibel wie eine Jungfrau, schoss es mir durch den Kopf.

Senna igelte sich ein: «Es ist unfair, wenn man sagt, ich hätte Probleme mit meiner Kondition und es heißt, ich sei nicht hundertprozentig fit für eine Grand Prix Distanz. Man muss sich vor Augen halten, was ich zu Jahresbeginn für ein Material hatte. Das war ein Auto, das nicht leicht zu fahren war. Um halbwegs schnell zu sein, musste ich mich völlig verausgaben. Jetzt läuft es besser, weil auch mein Auto besser wurde. Ich kann den ganzen Tag testen und bin nachher völlig fit. Wenn ein Fahrer von den Strapazen gezeichnet ist, muss er nicht immer bei schlechter Kondition sein. Meistens liegt es am Auto.»

Was er bisher in der Formel 1 gelernt habe?

«Ich weiß jetzt genau, wann ich alles geben muss, und wann es nicht so brennt. Ich versuche von den anderen zu lernen. Nicht einmal ein Weltmeister kann sich`s leisten, auf seinem Level auszuruhen. Jene, die gierig weiterarbeiten, würden ihn sehr bald überflügeln.»

Seine Ziele definierte er klar und selbstbewusst: «Ich möchte für das, was ich tue, respektiert werden. Ich möchte, dass mich mein Team, meine Mechaniker, meine Sponsoren, die Journalisten, kurzum alle, die zu diesem Sport gehören, respektieren.»

Nicht alle haben Senna damals Respekt gezollt. Keke Rosberg zum Beispiel hatte mit ihm eine Privatfehde laufen. In Detroit hatte Keke eine Runde lang im Qualifikationstraining auf Senna gewartet, um sich dann unmittelbar vor ihm scharf einzubremsen.

Senna war daraufhin zu Niki Lauda und Frank Williams gelaufen um sie zu fragen: «Sagt mir bitte, was habe ich dem Rosberg angetan, dass er mich so bestraft?»
Klar, dass ich in Zandvoort Senna auf diesen Vorfall ansprechen musste, aber er blockte ab, wollte darüber nicht mehr reden.
Welchen Stellenwert Ayrton Senna in der Saison 1984 bereits hatte, haben einige kompetente Leute aus der Szene deponiert.
Niki Lauda: «Der beste Newcomer, den wir bis jetzt gesehen haben»
Keke Rosberg: «Zweifellos ein schneller Bursche. Die Frage ist, wie er sich als Mensch weiterentwickelt ...»
Herbie Blash, Brabham-Teammanager: «Er ist der nächste Piquet.»
Frank Williams: «Ein begnadetes Talent.»
Peter Gethin, Toleman-Teammanager: «In diesem Jahr wäre er nirgendwo größer in Erscheinung getreten, als bei uns. Wenn er bleibt, wird er Weltmeister.»
Senna freilich war geistig schon weg, Toleman war kein Siegerteam, er hatte den vollen Durchblick.
Zur gleichen Zeit wollte Lotus den Nigel Mansell loswerden. Lotus-Teammanager Peter Warr war daher im Untergrund ab Mitte 1984 hinter Senna her. Bloß, da gab es ein Vertrags-Problem. Vater Senna lieferte dann das Dynamit, um seinen Sohn aus dem Toleman-Vertrag rauszusprengen: Die Sennas zahlten 150.000 Pfund Pönale und schon war Ayrton ab 1985 Lotus-Pilot.
Gleich in Portugal gewann er seinen ersten Grand Prix, ein Rennen, das als die Seeschlacht von Estoril in die Geschichte einging.
Es war ein Rennen bei dem alle damals gültigen Maximen der Formel 1 nicht zählten. Gefragt waren Traktion und Virtuosität.
Niki Lauda, der wegen Problemen mit den Bremsen aufgab, lief zur Rennleitung und plädierte für den sofortigen Abbruch.
Die Rennleitung ließ ihn abblitzen, man ging über die volle Distanz.
Senna sagte: «Es war viel schlimmer als damals in Monaco, ich habe noch nie in meinem Leben so viele böse Momente erlebt.»
Manfred Winkelhock galt nicht gerade als Weichei, auch er offenbarte: «Ich hatte richtig Angst.»
Für Niki Lauda «war es der reinste Wahnsinn, unter solchen Bedingungen zu fahren», und Jacques Laffite «fühlte sich zu alt, um bei einem solchen Chaos mitzumachen.»
Für Stefan Bellof war es «der größte Mist» und Alain Prost fand die ständige Aquaplaning-Gefahr «mörderisch.»
Senna berichtete mit sorgfältig gewählten Worten: «Ich war oft neben der Piste ... alles war nur noch Glück ... ich habe gebetet, brecht doch endlich ab. Als Prost vor mir in die Leitschienen knallte, wählte ich eine andere Spur ... nur deshalb bin ich heil durchs Wasser gekommen.»
Natürlich war Glück dabei, dass er sich nicht selber versenkte, oder kein anderer ihn abschoss. Aber es war jenes Rennen, in dem er erstmals seine übernatürlichen Sensoren ausspielen konnte. Er fuhr, als würde er die Wassertiefen mit einem Echo-Lot ausmessen. Er änderte ständig die Linie, je nach Wasserstand, er improvisierte, rutschte, zackte herum, gewann immer wieder die Bodenhaftung zurück. Er war gewissermaßen ein Barrakuda, der durch einen Teich fetter Weihnachts-Karpfen raste.

In Monaco zog sich Senna den Groll von Lauda und Alboreto zu. Im Abschlusstraining bekam er offenbar von Lotus die Order, er möge als Stör-Senna um den Kurs schleichen.
(Eine ähnliche Aktion lieferte Michael Schumacher 2006 in Monaco, als er seinen Ferrari in der Rascasse-Haarnadel parkte, damit Fernando Alonso keine schnellere Qualirunde mehr hinlegen konnte ...)
Damals ging es Lotus darum Lauda und Alboretto eine schnelle Runde zu vermasseln.
Lauda kochte wie schon lange nicht: «Was will Lotus? Sie haben das beste Auto und die Pole, und trotzdem verheizen sie den Senna. Wieso der sich zu solchen Aktionen hergibt, ist mir schleierhaft.»
Alboretto im Ferrari hatte außerdem mit Senna beinahe Feindberührung bekommen. Auch der Italiener war außer sich: «So eine Hinterhältigkeit, Senna ist ein Blödmann. Würde Ferrari so eine Aktion von mir verlangen, würde ich nie mitmachen. Dass Senna mitmacht, zeigt doch, dass er hier oben (deutete sich an die Stirn), nicht richtig tickt.»
Domingo Piedale, der im Jahr zuvor Sennas Manager war, und in diesem Jahr Alboretto managte, sah sich plötzlich in der Schiedsrichter-Rolle: «Wenn ich alles weitergeben würde, was der eine über den anderen sagt, gäbe es im Rennen Mord und Totschlag.»
Senna fiel dann im Rennen frühzeitig aus. Die Zahl seiner Feinde wurde größer, auch wenn Peter Warr, der Lotus-Teamchef für Senna das Prädikat «magic» kreierte.
Auch Nigel Mansell pflegte sein privates Senna-Feindbild. Anfang der Saison, so sagte er zu mir, «hat sich Senna bei Testfahrten in Rio vor mir völlig sinnlos eingebremst, fast wäre ich über ihn drüber geflogen ...»
Mansell, der von Lotus zu Williams übersiedelt war, hatte damals Boxen-Verbot bei Lotus. Wie ernst die Lage war, zeigt dieser Vorfall: einer seiner ehemaligen Mechaniker machte Nigel vor der Nase den Rollbalken mit den Worten zu, «du bist hier unerwünscht.»
Als Senna dann bei Williams auftauchte, pfauchte Mansell: «Warum schmeißen wir den nicht raus?»
In der Startrunde des Rio-Grand Prix 1986 hat Senna gegen den Mansell-Williams sofort eine Blockade errichtet. Mansell wurde zum Bulldozer, wollte sich vorbeipressen, doch Senna mauerte geschickt, Mansell flog ab.
Mansells Gattin war wütend: «Warum lässt du dich mit diesem Idioten überhaupt ein?»
Nigel kühlte sich ab und schlug sich an die Brust: «Du hast vollkommen recht. Der wahre Idiot in diesem Falle bin aber ich.»
In Monaco kam Senna mit der Friedensfahne. Ich saß mit Nigel am Tisch, als Senna auftauchte. Ich dachte, jetzt gibt's Ärger. Doch Senna kam mit eingefahrenen Krallen, er wünschte dem verblüfften Nigel «Alles Gute für Morgen.»
Worauf Nigel schleimte: «Ich wünsche mir, dass wir beide ins Ziel kommen.»
Mansell gewann fünf Grand Prix auf seinem Williams-Honda, doch die Japaner waren völlig auf «Magic» fixiert. Mansell bekam das raus und war schwer verhärmt. Er konnte noch soviel siegen, der Wunderknabe war immer sein bester Feind aus Brasilien.

Senna wurde 1986 von einem Lotus-Chassis beflügelt, das mit einem Trick die Gummiparagraphen des Reglements unterwanderte, ein Trick der einfach genial war.
Gerard Ducarouge hatte den aerodynamischen Geistesblitz ins Spiel gebracht: Der Lotus wurde mit seinem Bugspoiler so angestellt, dass sich erst im Fahrtwind der Wagenboden absenkte, und es entstand, was verboten war, ein «Schürzen-Auto». Der zusätzliche Ground effect war bereits im Training ein toller Nachbrenner. Im Rennen jedoch brauchte der Renault-Turbo - weil der Lotus kein effizientes Auto war- zuviel Sprit.
Als Senna in Mexico im Pressecenter mit seinem «illegalen Chassis» konfrontiert wurde, brach er wütend das Frage-und Antwortspiel ab.
Mansells Fehde mit Senna erreichte 1987 in Spa ihren unwürdigen Höhepunkt. Die Herren kollidierten bei ungefähr 200 Stundenkilometer.
Mansell behauptete, Senna sei «plötzlich langsamer geworden, an sich wollte ich ihn gar nicht auf der Außenspur überholen.»
Senna hatte eine andere Erklärung parat: «Wenn Nigel per Knopfdruck Turbo-Boost gibt, entsteht für ihn der Eindruck, ich wäre plötzlich langsamer geworden.»
Mansell schimpfte: «Er hätte die Kollision verhindern können»
«Keine Chance» beteuerte Senna, «wir fuhren zusammen in einen Trichter hinein»
Die lange aufgestaute Wut gegen Senna reagierte sich Mansell an der Box ab. Kaum von der Kollision zurück, zettelte er mit Senna eine Schlägerei an. Mechaniker trennten die Raufbolde. Mansell entschuldigte später sein Ausrasten «mit einem Adrenalin-Stoß»
Senna versuchte nach dem Gong sachlich zu bleiben: «Mit Aktionen wie in Rio und Spa hat Nigel mehr Ansehen verloren als ich.»
Für die Engländer war Senna ohnehin ein rotes Tuch.
Gerhard Berger und seine etablierten Kollegen begannen den neuen Superstar, der in ihre geschützten Bereiche einbrach, regelrecht zu hassen. Interessant ist: Später spielte sich ähnliches ab, als Michael Schumacher das Establishment aufmischte.
Anfang 1986 hatte Senna darauf bestanden, dass sein Teamgefährte bei Lotus nicht Derek Warwick sondern Johnny Dumfries hieß.
James Hunt schäumte damals, er fragte Senna in «Autosport», ob er denn «keinen Stolz habe.»
Vor der Saison 1987 hatten die Honda-Strategen ihren gottobersten Chefs eingeredet: «Erst wenn wir Senna haben, werden wir unschlagbar.» Tatsächlich war Senna 1987 für Lotus der Türöffner zu den Honda-Motoren.
Aber das Senna-Lotus-Honda Paket wurde durchwegs von Williams-Piloten besiegt. Mit Honda-Motoren.
Senna konnte nur dort gewinnen, wo Mansell vorher die Waffen niederlegte. Lotus überdribbelte sich selbst mit einem computergesteuerten Hydraulik-Chassis. Das System war so komplex und so sensibel, dass es die Ingenieure überforderte. Unter dem Druck eines Rennwochenendes war die Datenflut, die der Bord-Computer ausspuckte, nicht mehr zu interpretieren.
Senna erkannte bereits in Monaco, dass er 1987 mit dem «denkenden» Chassis nicht Weltmeister werden könne.

Senna, Berger 1990: Freunde und Rivalen bei McLaren

FORMULA 1
WORLD
CHAMPIONSHIP
Shell
BOSS
MEN'S FASHION
Marlboro
McLAREN INTERNATIONAL
HONDA
GOODYEAR

Zuerst freundliche Rivalen, zuletzt Todfeinde: Ayrton Senna, Alain Prost (r.)

Shell
BOSS
MEN'S FASHION
Marlboro
McLAREN INTERNATIONAL
Marlboro
BOSS
MEN'S FASHION
AEROLEASING
GENEVA

Schon damals kursierten Stories über seine märchenhafte Sensibilität für das Auto. Lotus-Cheftechniker Ducarouge erzählte: «Ich habe noch nie einen Fahrer erlebt, der mit solchen Analysen zurückkommt. Er hat überall seine Sensoren, Senna ist für einen Ingenieur ein Traum.»
Im September 1987 wurde dann offiziell, was schon Wochen vorher für Aufruhr gesorgt hatte: Honda tauschte Williams trotz 20 gemeinsamer Siege gegen McLaren aus.
Ron Dennis hatte mit Weitblick die Weichen für die Zukunft gestellt. So wie er Prost als logischen Lauda-Nachfolger aufbaute, war nun Ayrton Senna sein Mann, der Prost bis zum Äußersten treiben sollte. Um Prost letztlich entbehrlich zu machen.
Abgesehen davon: Senna wähnte sich im einzigen Auto, das IHN verdiente. In einem McLaren-Honda.
1988 war das letzte Jahr der Turbo-Ära. Der Ladedruck wurde auf 2,5 bar, der Tankinhalt auf 150 Liter begrenzt. Die WM wurde ein Solo für Zwei: Senna und Prost.
Wäre Senna in Monza nicht beim Überrunden über den Williams des Franzosen Schlesser gestolpert, hätte McLaren alle 16 Rennen gewonnen und Gerhard Berger und Ferrari wäre nicht der Sieg im Italienischen Grand Prix in den Schoß gefallen. Tatsächlich hatte Ron Dennis die Parole ausgegeben, alle 16 Rennen zu gewinnen.
Senna-Prost waren eine Seilschaft, von der man sich fragte, wer als Erster den Mount Everest der Formel 1 betreten würde. Sie versteckten sich an jedem Renn-Wochenende stundenlang im McLaren-Motorhome. Sie waren wie in einem U-Boot kaserniert, sie waren immer auf Tauchstation um an ihren Waffen zu feilen, die sie dann gegeneinander abfeuerten.
Damit sie sich im U-Boot keinen Lagerkoller holten, wurden sie von Ron Dennis sehr verwöhnt. Sie logierten in den besten Hotels, sie durften im Hubschrauber zur Rennstrecke reisen, Abends saß man gemeinsam bei Tisch, ihr Fitness-Guru und Masseur Josef Leberer war zugleich auch ihr Leibkoch, der die bewährten Bio-Rezepte von Willy Dungl zur Anwendung brachte.
Am Morgen wollten die Fahrer massiert werden, dabei entstand ein ständiger Konflikt, denn jeder wollte als Zweiter massiert werden, um 40 Minuten länger schlafen zu können.
«Sie werden sich noch zerfleischen» hatte Niki Lauda vor dem Saisonstart prophezeit, doch monatelang war davon keine Rede.
«Ganz im Gegenteil» ereifert sich Ron Dennis Partner Creighton-Brown, «so was von Friede wie zwischen den beiden, kann man sich gar nicht vorstellen.»
Brown stellte Vergleiche an: «Prost-Senna, das ist ein Team wie einst Lauda-Prost. Mit dem Unterschied der vertauschten Rollen. Senna spielt heute die Prost-Rolle des hungrigen Fighters, Prost mimt heute den Niki, den Mann, der über den Dingen steht. Niki sah sich von Prost wie noch nie gefordert, heute sieht sich Prost von Senna gepuscht, wie nie zuvor in seiner Karriere.»
Prost gab sich gerne lässig: «Ich hab` alles hinter mir, wofür der andere noch kämpfen muss.»
Prost ahnte nicht, dass er in Wahrheit noch alles vor sich hatte, nämlich die schlimmsten Zeiten seiner Karriere.

Senna stand 13-mal auf Pole-Position, er gewann acht Rennen.
Prost holte sich zweimal Pole und sieben Siege.
Die McLaren-Überlegenheit war lähmend. Nach jedem Rennen saßen Senna-Prost im Pressecenter und sie versuchten uns weiszumachen, wie schwierig alles gewesen sei. Prost lobte Senna, Senna gab die Komplimente zurück. Immer die gleichen Worthülsen aneinander gestoppelt, immer die gleichen Aussagen, weit und breit kein Gegner in Sicht.
Im Regen von Silverstone wurde Prost von Senna-Berger nach 14 Runden überrundet. Prost gab auf und rechtfertigte sich mürrisch, er könne mit seinem Leben «machen was ich will»
Senna war mehrmals in Willy Dungls Bio-Zentrum in Gars am Kamp. Man hat seine «Atem-Gymnastik verbessert, um seine Überreaktionen zu dämpfen, um den Adrenalinausstoß dieses hungrigen Rennpferdes abzubauen» verriet der Gesundheits-Papst der Österreicher.
Noch machte Senna Fehler. Als er in Monaco bereits mit 49 Sekunden Vorsprung in Führung liegt, nur noch 12 Runden abzudrehen sind, passiert ihm bei der Verlangsamung seiner Rundenzeit ein kapitaler Konzentrations-Verlust. Er knallt den McLaren gegen die Leitschienen. Prost, der von Senna nicht bloß abgehängt, sondern regelrecht gedemütigt war, muss einen Lachkrampf bekommen haben, als er am havarierten Senna-Auto vorbeigefahren ist.
Prost siegte und Senna war reif für einen Psychiater.
Dieser Monaco-Fehler bedrückte ihn wochenlang, als hätte ihm ein Doktor gesagt: Sie haben Krebs, es sieht nicht gut aus.
«Daheim, im Kreise meiner Familie, habe ich die Krise überwunden», hat er später einmal gestanden.
In Suzuka wurde Senna Weltmeister 1988.
Zwei Tage später traf ich ihn, im Club Med auf Bali. Er wollte dem Rummel nach seinem Titel entkommen, um sich auf einer Insel zu verstecken. Er wollte sich entspannen, die leeren Batterien mit Sport aufladen, die Betonung sollte auf Unterhaltungswert liegen.
Am Morgen joggte er mit Josef Leberer den Strand entlang. Schon hatte es 35 Grad und die Luftfeuchtigkeit war so hoch, dass keine Badehose mehr im Wind trocken wurde. Sie liefen eine halbe Stunde und kamen ausgemergelt zurück. Senna beim Frühstück: «Jetzt hat das Laufen keinen Sinn mehr, das macht dich kaputt.»
Den gesuchten Unterhaltungswert fand er Nachmittag beim Fußball. Der Rasen ist herrlich, die Sonne unerbittlich. Die Kicker formieren sich. Die T-Shirts spielen gegen die nackten Oberkörper. Senna will sich keine Verletzung einhandelt, daher geht er bei den T-Shirts ins Tor. Er hält ein paar schwere Brocken, dass er sehr reaktionsschnell ist, braucht nicht erwähnt zu werden. Bei einem Volley-Schuss aus nächster Nähe, fährt Senna offenbar zu spät die Fäuste aus, der Ball prallt gegen die flache rechte Hand. Schmerzen stellen sich ein, er spielt trotzdem zu Ende. Jo Leberer holt einen Kübel Eis. Senna macht sich Sorgen um seine Schalthand.
Er ist scheu wie ein Reh, lässt sich kaum blicken. Bisweilen krault er durch den Pool, spielt Tennis mit der linken Hand. Der neue Weltmeister schläft viel.
Nach dem Abendessen schlendern wir neben den weit verzweigten Teichanlan-

gen, wo es von fetten Goldfischen nur so wimmelt. Wir füttern sie mit Semmeln. Senna macht es großen Spaß, immer größere Semmelbrocken ins Wasser zu werfen, die von den Fischen nur schwer hinunter zu würgen sind. Das Wasser kocht, wenn die riesigen Fische um die Beute kämpfen. Senna sieht amüsiert zu.
Die PR-Dame des Club Med bittet Senna um ein Interview. Er lehnt ab.
Gegenüber Jo Leberer lässt Senna anklingen wie sehr es ihn «überrascht, dass Deine Freunde aus Österreich kein Interview von mir wollen ...»
Jo sagt, sie wollen ja, aber sie wollen dir nicht auf den Nerv gehen. Aber du könntest mir einen Gefallen tun ...»
Senna tut.
Einige Tage später haben wir ihn für uns allein.
Die Szenerie ist wie aus einem Werbespot für eine exotische Traum-Insel.
Eine kleine Bucht, vor uns das Meer, in einem schwindelerregenden Türkis, am Horizont baut sich ein Tropengewitter auf. Die hohen Palmen rings um uns erwecken den Eindruck einer Säulenhalle. Götterfiguren aus Stein starren uns mit dämonischen Zügen an, aus unsichtbaren Lautsprechern klingt leise Musik. Die Atmosphäre ist himmlisch und daher unwirklich.
Nicht nur mein Kumpel Robert Höpoldseder, ein Landsmann, der für eine Schweizer Sportzeitung schreibt, und ich empfinden die seltsamen Schwingungen dieses Orts, auch Senna scheint beeindruckt. Wir sitzen zunächst wortlos um den weißen Tisch.
In so einem Rahmen, beginne ich unser Gespräch, habe ich noch nie mit einem Weltmeister geredet.
«Ich auch nicht» lacht er, «erstens habe ich nach dem Japan-Grand Prix niemandem ein Interview gegeben und zweitens, war ich auch noch nie Weltmeister ...»
Musik bedeute ihm viel, «sie stimuliert mich, sie füllt einen leeren Raum aus, in dem man oft leben muss.»
Da saß er in der Badehose neben uns. Gertenschlank und schon sehr braun. Sein Blick ist klar und erstmals ließ er eine Zugbrücke herab, damit wir den Graben, den er um sich zu errichten pflegt, überschreiten konnten.
Das Thema Nummer eins war damals, ob die Honda-Leute in Estoril und Jerez, wo Prost gewinnen konnte, bei Senna eine elektronische Manipulation vorgenommen hätten, damit die WM nicht schon vor Suzuka entschieden werde.
«Es hat keine Manipulation gegeben» antwortet er, «ich habe diese Version nie akzeptiert, ich arbeite die zweite Saison mit Honda, ich lernte die Japaner verstehen, ich kenne mittlerweile ihre Mentalität, sie hätten nie ihr Image, das sie in der Formel 1 erlangt haben, durch eine Manipulation aufs Spiel gesetzt. Was bei mir passiert ist, war vielmehr eine Kombination verschiedenster Dinge. Ich saß immer noch in jenem Auto, das in Monza in die Kollision mit Schlesser verwickelt war. Dabei hat sich einiges, unsichtbar am Bug des Rumpfes, verschoben. Daraus ergaben sich Handling-Probleme und ein erhöhter Spritverbrauch.»
In Suzuka musste er wie noch nie um den Sieg kämpfen.
«Dieser Tag» erzählt er, und seine Worte sind von einer Intensität, als würde er alles jetzt noch einmal erleben, «dieser Tag also, war unglaublich. Zuerst Pole, dann schlechter Start. Ich hatte schon alles verloren, aber ich hatte die Kraft zu kämpfen. Ich musste mit maximaler Aggression fahren und durfte mir nicht den geringsten Fehler leisten. Es war einer dieser Tage, wo alles aus dir rauskommt,

deine ganzen natürlichen Fähigkeiten brechen hervor, einer dieser Tage, die du nicht immer hast. Ich sagte mir go, go, go, und dann war ich am Ziel.»

In der Saison 1989 brach die Arbeitsgemeinschaft Senna-Prost auseinander. Senna demontierte den kleinen Napoleon nach Strich und Faden. 1989 war das erste Jahr der neuen Saugmotor-Formel. Ab Imola gab es zwischen Prost und Senna keinen Dialog mehr. Prost beschuldigte Senna, er habe die interne Abmachung gebrochen. Prost ging damit an die Öffentlichkeit, wie das seine Art war. Und Senna schwieg, so wie es seine Art war.

Erst viel später ließ er durchblicken, er habe in Imola einfach an Prost «vorbeischießen müssen, als Selbstschutz, denn er hat so früh gebremst, dass er andere mitgezogen hätte, wenn ich nicht vorbeigegangen wäre.»

Prost konnte Senna im gleichen Auto nicht mehr Paroli bieten. Daraufhin eröffnete er einen Psychokrieg.

Prost ging mit allem an die Öffentlichkeit. Er unterstellte Honda, dass die Japaner den Senna-Motoren mehr Leistung geben würden. Honda trat den Gegenbeweis an, man veröffentlichte Telemetrie-Ausdrucke aus denen hervorging, dass Prost in schnellen Mut-Passagen auf Senna Zeit verlor. Etwa in der zweiten Lesmokurve von Monza wo ihm 24 km/h auf Senna fehlten.

Prost konterte: Honda könne alles, somit auch die Telemetrie-Auszüge fälschen. Prost sprach ständig von Manipulation. Senna blieb stumm und artikulierte sich in der Sprache, die er am besten beherrschte: mit Leistung.

«Ich möchte der absoluten Perfektion nahe kommen» hörte man von Senna. Und er kam seinem Ziel Schritt für Schritt näher.

Wenn er nach einer Fabelzeit vor dem Zeitnahme-Monitor die Gegner studierte, dann blickte er mit einer Ruhe und Vertiefung auf den Bildschirm, als würde er durch ein Mikroskop schauen. Racing war für ihn eine Welt, die er gewissermaßen im Vergrößerungsglas betrachtete, wo er auf kleinstem Raum alles sehen und erfassen konnte.

Seine Hingabe war atemraubend. Wie konnte ein Mensch, der soeben Pole-Position holte, und Senna holte sich eine nach der anderen, nachher so unterkühlt sein? Zweifellos war er es nicht, aber auf der Suche nach der totalen Perfektion lernte er auch seine Emotionen zu kontrollieren. Er machte sich zum Mann aus der Gefriertruhe.

In Rio hatte Gerhard Berger – noch auf Ferrari – mit Senna gleich in der ersten Kurve eine Kollision.

Berger sagte damals sinngemäß: «Man darf beim Senna nicht immer nachgeben.»

In Estoril kam es zu einer spektakulären Kollision zwischen Mansell und Senna. Berger bemerkte dazu: «Der Senna glaubt nicht, dass jemand noch später bremsen könne, als er ...»

Bis Suzuka hatte sich das Duell Senna-Prost derart zugespitzt, dass Senna alles riskieren musste, um zu gewinnen. Prost musste nur eines: diesen Sieg verhindern. Was er am langsamsten Punkt der Strecke, in der Schikane auch meisterhaft tat.

Ausgerechnet in diesem für Senna wichtigsten Rennen, hatte Professor Prost eine um Millimeter optimalere Flügeleinstellung getroffen. Senna brauchte 46 Runden um Prost einzuholen. In der Schikane führte Prost eine gezielte Kollision herbei. Prost-Senna verhängten sich Seite an Seite. Prost stieg aus, Senna ließ

sich zweimal wegschieben, er brachte den Motor in Gang und nahm das Rennen durch den Notausgang der Schikane wieder auf. Senna fuhr so schnell er konnte an die Box, um neue Bugflügel auszufassen, dann warf er sich auf den führenden Nannini, überholte ihn drei Runden vor Schluss und ging als Erster durchs Ziel.
Diese Show war unüberbietbar, auch wenn die Folgen für die gesamte Formel 1 einen höchst bitteren Beigeschmack bekamen.
Senna wurde mit der Begründung disqualifiziert, er habe die Schikane ausgelassen. Nannini wurde zum vorläufigen Sieger, Prost zum vorläufigen Weltmeister erklärt.
Neun Tage später schmetterte die FIA die McLaren-Berufung ab. Damit war Prost offiziell Weltmeister 1989.
Prost rechtfertigte sich nach der Kollision mit Senna mit den Worten: «Oft genug habe ich ihm die Tür offen gelassen, doch diesmal war ich dazu nicht gewillt. Der Senna wird nie akzeptieren, dass er irgendwo NICHT gewinnen kann, dass er irgendwo NICHT überholen kann.»
Senna fühlte sich «wie ein Krimineller» bestraft, und als ihm die FIA eine bedingte Sperre mit Lizenzentzug verpasste, war das für Senna ein Tiefschlag.
In Adelaide, beim letzten Rennen, führte er im strömenden Regen bereits mit 20 Sekunden, als er im Blindflug durch den Wassernebel den Brabham von Martin Brundle übersah.
«Es war der größte Schreck meines Lebens» gab Senna zu.
Unter all den ätzenden Kommentaren von Prost, ist einer zu unterstreichen. Prost sagte: «Ayrton hat ein kleines Problem. Er glaubt er ist unsterblich, nur weil er an Gott glaubt ...»
Sein Gott muss ihn aber in Adelaide beschützt haben, denn er hätte genauso gut tot sein können.
Senna zog sich am Ende dieser Saison 1989 nach Brasilien auf seine Insel zurück, tief getroffen und tief beleidigt über das, was ihm durch die Sporthoheit in Frankreich angetan wurde. Es war gar nicht sicher, ob er jemals wieder zurückkehren würde.
Bevor er auf Tauchstation ging, hinterließ er noch den Satz: «Prost begann mich zu hassen, als er realisierte, dass er mich nicht mehr besiegen konnte.»
Prost flüchtete mit seinem Senna-Komplex zu Ferrari. Gerhard Berger heuerte als großer Senna-Fan 1990 bei McLaren an.
Erst als Senna im Februar 1990 aus reiner Notwehr an FISA-Präsident Balestre das gewünschte Schreiben richtete, in dem er verklausuliert andeutete, dass «weder eine Pressure-Group noch der Präsident den Ausgang der WM von 1989 beeinflusst hätten», bekam er seine Lizenz.
Senna musste zu Kreuze kriechen, er hatte keine andere Wahl.
Beim ersten Rennen 1990, in Phoenix, wollte ihm Prost die Hand zur Versöhnung reichen.
Senna schlug sie aus.
Ich fragte ihn: «Du bist doch ein gläubiger Mensch und weißt, dass in der Bibel steht, man soll auch seinen Feinden vergeben ...»
«Es steht mir nicht zu» antwortete Senna, «ihm zu vergeben. Das Wichtigste ist, dass man begreift, ob jemand in seinen Absichten ehrlich ist. Bei Prost hatte ich den Eindruck, dass dies nicht der Fall war.»

Bei der Spurensuche nach dem Phänomen Senna, wurde man von Senna selbst sehr früh in Stich gelassen. Senna wurde für uns erst begreifbar, seit Gerhard Berger in den Jahren 1991/92/93 mit ihm bei McLaren fuhr.
Da sind einmal die Arbeitsmethoden.
Berger kam sich gegenüber Senna sehr bald wie ein Schüler vor, der von der dritten Volksschulklasse ins vierte Gymnasium geplatzt war. Ihm fehlte entscheidendes Know How, speziell in Motorenkunde erwies sich der Brasilianer als ein Ozean des Wissens.
Berger verriet: «Es gibt kein Detail, keine Randerscheinung, keine Spezifikation, keinen Parameter, keine Konfiguration an einem Rennwagen, die er nicht analysiert und archiviert hatte.»
Er war ein penibler «Tüftler, der Sachen speichert, die mich nie interessiert hatten» (Berger)
So wie Senna den Berger in ein Konditionstraining zwang, wie es der Tiroler nie zuvor über sich ergehen lassen wollte, so hat er ihn auch zum Arbeiten und Lernen gezwungen: in der «Senna-Ganztags-Schule.»
Senna lebte am Optimum der Technik. Wenn ihm nachher 5 Liter Sprit im Tank übrig blieben, war das für ihn eine Fehlkalkulation und der verantwortliche Ingenieur hatte kein gutes Leben. Ein Liter im Tank bei Zieldurchfahrt, das war für ihn das Optimum. Und er machte den Ingenieuren Tag und Nacht klar: Wenn ich versuche das Optimum zu erreichen, dann kann ich das auch von euch verlangen.
«Er geht immer ans Limit» fand Berger, «egal ob er Wasserski oder Wet-Bikes fährt oder Hubschrauber fliegt.»
Senna war permanent in Klausur und dachte Probleme zu Ende, die seine Gegner nicht einmal ahnten.
Berger relativierte, «er ist auch nur ein Mensch aus Fleisch und Blut», und Senna offenbarte, «er nehme sich vom Leben, was sich jeder andere auch nimmt.»
Und das war viel.
Er flog einen Business-Jet vom Typ British Aerospace 800, mit dem Interkontinentale Reisen zum Katzensprung wurden. Er hatte neben seinem Inseldomizil vor der Brasilianischen Küste bei Angra dos Reis, eine Wohnung in Monte Carlo, er besaß Boote und Hubschrauber. Der innen in chremefarbenem Leder gehaltene Jet, wurde von zwei erfahrenen Kapitänen geflogen, eine Stewardess sorgte für die Passagiere, meistens saß Senna allein in der Kabine.
Als seine Kapitäne zwischen Portugal und Phoenix einen Nachtstop einlegen wollten, bestand Senna auf einen Non-Stop Flug. Letztlich siegte sein Extremismus. Er flog mit der Linie nach Phoenix. Seinen Jet ließ er leer in die USA nachkommen. In Phoenix feuerte er seine Piloten.
Aus den Telemetrie-Ausdrucken wusste Berger, wo sein Teamkollegen die Hundertstel wegfeilt.
Generell stand fest: er holte sie überraschenderweise in den eher langsamen Passagen. Je schneller eine Kurve, desto besser für Berger. Was Senna so unerreichbar machte, war seine Perfektion. Berger musste zugeben: «Ich hatte immer wieder einen kleinen Schlenker, einen Rutscher, eine gröbere Randstein-Berührung. Wo Senna den besten Grip ausreizte, hatte ich Wheelspin und so liefen mir die Tausendstel und Hundertstel davon.»
Hondas Computer-Ausdrucke enthüllten, dass Berger später als Senna bremste,

Beginn einer Todfeindschaft: Im Japan-GP 1989 führte Alain Prost vorsätzlich eine Kollision mit Ayrton Senna herbei und sicherte sich dadurch den WM-Titel

BOSS
GOOD YEAR
GOOD YEAR

Suzuka 1990, erste Kurve. Senna initiiert eine geplante Kollision mit Prosts Ferrari

Marlboro
GOODYEAR

dadurch aber in der folgenden Kurve beim Einlenken wieder Stabilität und Haftung verlor.
Man sollte vor Berger den Hut ziehen, dass er sich von Senna nicht zerstören hat lassen, nichts desto trotz musste er sich mit folgendem Resümee zufrieden geben: «Da sich alles nach Reflexen abspielt, kann ich meine Reflexe nicht einschläfern, sonst wäre ich an einer Stelle nicht um Hundertstel, sondern um eine Sekunde langsamer»
Senna war überall an der Grenze des Rausfliegens, bloß es war nicht klar sichtbar. Bei Mansell und Berger hingegen war das Fahren am Limit eine spektakuläre Sache. Ihre Aggressivität war sichtbar, Senna war in seiner Effizienz unerreicht. So wie ein Walter Röhrl, der nicht driftete um des Driftens willen, sondern es ging ihm immer um den maximalen Vortrieb.
Im Rennen, so fand Berger heraus, «konnte sich Senna länger und fehlerloser im Extrembereich bewegen als andere. Ich hingegen musste bisweilen zurückstecken, weil es mir im Kopf zu schnell ging»
«Sicher» bekannte Senna, «man muss ein gewisses Tempo geistig durchhalten. Darin liegt der Schlüssel zum Sieg.»
Senna war kein Ignorant, wenn es schwere Unfälle gab. Wo andere wegschauten, erschien er sofort am Ort des Geschehens. So auch 1990, wo in Jerez der Grand Prix von Spanien ausgetragen wurde und der Brite Martin Donnelly einen furchtbaren Crash hatte, in dem sein Lotus völlig auseinanderbrach.
Donnelly hatte es in angeschnalltem Zustand samt Sitz aus dem Moncoque gerissen. Als Senna erschien, lag Donnelly wie tot am Boden.
Senna stellte gezielte Fragen.
«*Aufprallwinkel?*» Sehr steil, 50 bis 60 Grad.
«*Wann kam der Arzt?*» Spät, sehr spät.
Die Versorgung mit Sauerstoff begann laut Augenzeugen sehr stümperhaft.
Senna recherchierte vor Ort wie ein Reporter. Dann lief er ins Fahrerlager und verschloss sich im McLaren-Motorhome.
«Wenn du so einen Unfall siehst, wird dir dein eigenes Leben plötzlich wieder sehr wichtig» gestand er später.
Nur er und kein anderer Pilot hatte gewagt, sich den leblosen Donnelly anzuschauen. 50 Minuten später, fuhr Senna Bestzeit. An der Unfallstelle lag noch Zementstaub und Senna wirbelte ihn auf.
Als Senna ausstieg zitterten seine Hände.
Ich habe mich oft gefragt in den wilden Jahren der Formel 1: Was ist das für ein Sport, in dem Männer an einem Feuer vorbeijagen, das gerade einen der ihren verzehrt? Ein Sport, der Männer von der Bahre eines schwerverletzten oder toten Kollegen wegreißt, zurück auf die Rennbahn?
Als Jochen Rindt in Monza starb, die Strecke wieder frei war, setzte sich Jackie Stewart sofort wieder in seinen March.
Wie ist so was möglich?
Der Münchner Diplompsychologe Dr. Jürgen vom Scheidt, versuchte damals diese Frage zu beantworten: «Ein gewöhnlicher Mensch würde zurückzucken und aufgeben. Doch für den Rennfahrer gibt es mehrere Gründe weiterzumachen. Erstens lebt er in einer magischen Welt. Er nimmt allenfalls an, dass pro Saison vielleicht mehrere Fahrer verunglückten, pro Rennveranstaltung jedoch mit an

Sicherheit grenzenden Wahrscheinlichkeit nicht mehr als einer. Wir sprechen da von einem «Blitzableitereffekt». Stirbt ein Pilot, so hat er stellvertretend für alle anderen den Blitz auf sich gezogen, ihnen kann ja jetzt nichts mehr passieren. Es handelt sich dabei um eine magische Schutzüberlegung, vergleichbar mit dem Voodoo-Kult des Nadelstechens. Außerdem wird der Heroismus durch einen Unglücksfall ungewöhnlich stark angefeuert. Die Devise «Jetzt erst recht» breitet sich aus, verbunden mit einem ungewöhnlichen Maß an Selbstbewusstsein. Dadurch herrscht die Überzeugung vor, dass einem selbst so etwas doch nicht passieren wird. Der überlebende Freund versucht jetzt – Jochen Rindt war ja ein guter Freund von Stewart – dem Toten ein Geschenk zu machen, den Sieg, den Rekord, etwas, wofür der Freund ja gestorben ist. Der Rennfahrer wird eigentlich erst angesichts des Todes mutig.»

Martin Donnelly überlebte mit schwersten Verletzungen den Jerez-Unfall und im Abschlusstraining entging Senna um ein Haar einem Unfall, der ihm das Leben kosten hätte können. In einer alles-oder-nichts-Runde zoomte er sich mit 250 Stundenkilometern an zwei Piloten heran, die im 130 km/h Tempo eine Privatfehde austrugen: Grouillard und Piquet. Genau im selben Augenblick als Piquet das Zickzack-Fahren des Osella-Piloten satt hatte und nach rechts ausscherte, kam Senna wie eine Sternschnuppe angeflogen.

Senna blieb am Gas und presste sich in dritter Spur zu seiner 50. Pole-Position vorbei.

War er wahnwitziger als alle anderen?

«Angst bestimmt deine Limits» sagte er einmal, «sie ist die Grundlage für deinen Selbsterhaltungstrieb. Ich habe viel Angst.»

Ein Gradmesser für seine Härte, war jene Kollision, die er 1990 mit Prost in Suzuka herbeiführte.

Prost fuhr in dieser Saison auf Ferrari, Senna fuhr mit Berger bei McLaren.

Senna hat diese Kollision vorsätzlich geplant.

Den Countdown startete Senna am Mittwoch vor dem Rennen. Er wurde bei den Sportkommissaren vorstellig: «Wer immer in Suzuka auf der Pole steht, muss links vorne stehen, nur dieser Startplatz ist hier der Beste. Wer rechts steht, ist im Nachteil, denn er steht auf der Dreckspur.»

Die Kommissare sollen ihre Entscheidung viermal umgestoßen haben, bevor sie sich nicht entblödeten, die falsche zu fällen: Senna, der sich die Pole holte, musste im McLaren MP4/5B-Honda V10 rechts starten. Prost hingegen, im Ferrari 641/2 V-12 auf dem zweiten Startplatz, kam in den Genuss der griffigen linken Fahrspur.

Als die Ampel auf Grün sprang, zog Senna auf der Bergab-Geraden von rechts in die Mitte. Prost hatte einen sehr guten Start und verriet: «Man fährt mit Vollgas auf die erste Kurve zu und lenkt ohne zu bremsen ein.» Als Prost einlenkte, war Senna schon rechts ganz innen neben ihm, mit den rechten Rädern neben der Piste, und es kam zum Knall.

Der McLaren und der Ferrari kreiselten, Trümmer flogen durch die Luft. Die WM war entschieden, Senna zum zweiten Mal Weltmeister.

Die beiden Benetton-Piloten Piquet und Moreno kamen zu einem Doppelerfolg, Ferrari Rennchef Cesare Fiorio feuerte nach dem Rennen eine Breitseite gegen Senna ab: «Das soll der große Champion sein, der durch eine absichtlich herbeigeführte Kollision den Titel an sich reißt?»

Ich traf Senna gegen 22 Uhr, als ich das Pressecenter verließ und durch den nächtlichen Vergnügungspark von Suzuka in Richtung Bus-Haltestelle marschierte. Er war ganz allein unterwegs und schien auf Wolken zu schweben. Ich gratulierte ihm zum Titel und sagte: «Das war ein perfektes Revanchefoul ...»

Er grinste übers ganze Gesicht und verschwand in der Nacht.

Was die Welt über ihn dachte, war ihm völlig egal.

«I don't care» war eine von ihm häufig verwendete Phrase.

Sennas Verhältnis zu den Medien hatte sich in seinen Aussagen, nicht in seiner Grundhaltung gewandelt. An sich sind ihm die Medien ein Gräuel gewesen, denn er empfand sie als Störfaktor.

«Er lacht mich aus» erzählte Gerhard Berger, «wenn bei mir am Boot das Telefon läutet und er hört, dass ein Reporter am Rohr ist.»

1991 holte er sich den dritten WM-Titel. Seine wilden Jahre hatte er hinter sich. Seine Perfektion war unerreicht. Monaco 1991 war sein 114. Grand Prix-Start, er stand zum 56. Mal auf der Pole. Das hieß: er stand in jedem zweiten Grand Prix am ersten Startplatz.

Bei Gehaltsverhandlungen war er ähnlich gnadenlos, wie auf der Rennbahn. Er schraubte sein Salär bei McLaren bis 23 Millionen Dollar hoch.

Als er Ende 1993 McLaren verließ, standen 41 Grand Prix-Siege mit 65 Pole-Positionen auf seinem Konto, und mit Williams, da waren sich alle Experten einig, würde er 1994 eine neue Siegesserie starten.

Jedoch es kam alles anders. Ohne einen einzigen WM-Punkt am Konto kam er zum dritten Grand Prix nach Imola.

Als der Österreicher Roland Ratzenberger am Samstag, den 30. Mai, im Abschlusstraining zum San Marino Grand Prix starb, erschien Senna am Schauplatz des Unfalles um sich zu informieren. Doch er war nicht willkommen, präpotente Funktionäre forderten ihn unter Androhung von Repressalien auf, er möge gefälligst verschwinden.

Sein Freund, Grand Prix-Doktor Prof. Sid Watkins, riet Senna, als er weinend im Auto neben ihm saß: «Gib das Rennfahren auf, lass uns fischen gehen ...»

Senna schwieg und sagte dann: «Es gibt Dinge, die wir nicht kontrollieren können. Ich kann nicht aufhören, ich muss weitermachen ...»

Am nächsten Tag war auch Senna tot. Sein Unfall passierte um 14:17 Uhr.

In der Formel 1 war die Sonne vom Himmel gefallen.

Die beiden Toten von Imola schütteten die Formel 1 weltweit und wochenlang mit Negativ-Schlagzeilen zu.

Vor Weihnachten waren die Untersuchungen über den Senna-Todessturz abgeschlossen. Doch erst am 24. Februar 1995 wurde der 500 Seiten lange Unfall-Report dem Staatsanwalt Maurizio Passarini übergeben. Acht Experten hatten den Endbericht unterzeichnet, jeder gilt in seinem Fach als kompetent und integer: Bomparola, Bucchi, Carletti, Dalmonte, Forghieri, Lorenzini, Nosetto, Pirro.

Lorenzini z.B. ist Chemiker für Materialanalysen, Forghieri war jahrelang Cheftechniker bei Ferrari, Dalmonte ist Sportmediziner, Nosetto war Rennstreckendirektor von Imola.

Das Resümee ihrer Untersuchungen war für Williams ein Desaster: Die Lenksäule der Zahnstangenlenkung des Senna-Autos bestand aus drei Teilen. Ein Rohrstummel von 22,2 mm Durchmesser ging in ein 18-mm-Rohr über, das mit einer

Verzahnung wieder in ein stärkeres Rohr geschoben und mit diesem verschweißt war. Es handelte sich um gezogene Stahlrohre mit einer Wandstärke von 1,2 mm. Das dünnere Rohr, dessen Stahlqualität mit «EN 14» angegeben wird, erlitt – so der Report – einen Ermüdungsbruch. Als 60 bis 70% des Kreisumfanges eingerissen waren, wurde der Williams bei Tempo 280 steuerlos.
Patrick Head, der Cheftechniker von Williams, rückte mit der Aussage heraus «dass Senna noch mit einer Verzögerung von 4 g gebremst habe, was ein sehr hoher Wert war. Als er aber die Piste verließ, sprang das Auto, und er konnte keinen hohen Grad an Verzögerung mehr aufbauen.»
Daher erfolgte der Anprall auf die Tamburella-Mauer noch mit 220 km/h.
Ein Teil der Vorderradaufhängung war Senna wie ein Speer durch den Helm gefahren. Das war tödlich.
Der Staatsanwalt wurde immer wieder mit verwischten Spuren konfrontiert: Aus dem Bordcomputer fehlten Daten, von der Inboard Kamera eine Videosequenz, auf der deutlich zu sehen war, wie Senna am Lenkrad kurbelt, die Vorderräder aber nicht mehr reagieren.
Das Williams-Team wurde wegen «fahrlässiger Tötung» angeklagt. Im Dezember 1997 wurden Frank Williams, der damalige Chefdesigner Adrian Newey und Cheftechniker Patrick Head von der Anklage der «fahrlässigen Tötung» freigesprochen.
Wenn ich an Ayrton Senna zurückdenke, fällt mir eine Begegnung Mitte der Achtzigerjahre ein. Ich hatte meinen Privat-Pilotenschein mit einer Berufspiloten-Lizenz für Instrumentenflug aufgestockt, wir flogen mit einer zweimotorigen Cessna zu den europäischen Rennen.
Einen Tag vor dem Abflug nach Bologna kündigte Heinz Prüller einen nicht eingeplanten Flug-Gast an. Wen? Wir würden ihn schon sehen.
Laut Flugplan sollten wir in Wien-Schwechat bereits starten, doch der geheimnisvolle Gast war noch nicht da.
Endlich kam er, es war, zu unserer Überraschung, Senna.
Er war im Fitness-Center von Willy Dungl in Gars gewesen, und jetzt flog er mit mir zum Imola-Grand Prix.
Ayrton setzte sich auf einen Rücksitz, schnallte sich fest und schlief sofort ein.
Einmal sah er zum Fenster raus und wollte wissen, wo wir sind.
Wir überflogen gerade die Adria, das Wetter war gut. In Bologna verabschiedete er sich mit Dank.
Sein Händedruck, das ist mir heute noch bewusst, war für einen Mann seines Kalibers erstaunlich schwach, völlig schlaff, so, als würde er befürchten Strom aus seinen Batterien zu verlieren.
Er war ein angenehmer Passagier und ich kann sagen, ich habe den großen Senna gesponsert.
Denn gezahlt hat er natürlich nichts ...

Selbst in der Schumacher-Ära ist die Erinnerung an den Brasilianer nie verblasst.

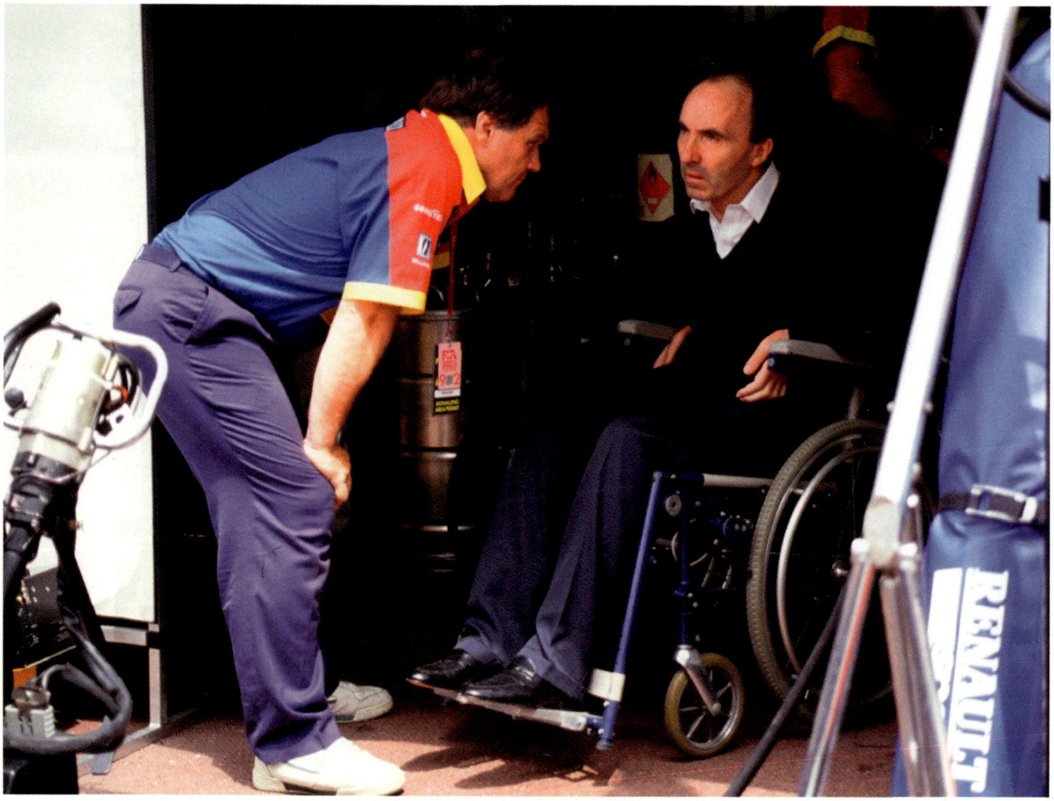

Die Urgesteine der Formel-1: Patrick Head und Frank Williams

10

Frank Williams

Der Mann im Rollstuhl ist eine Symbolfigur für die wilden Jahre der Formel 1

Heute ist es schwer vorstellbar, dass dieser Mann früher jeden Tag 15 Kilometer gelaufen ist und in jedem Wolkenkratzer-Hotel wie ein Irrer 20 Stockwerke auf und ab gerannt ist um sich fit zu halten. Bis der 6. März 1986 sein Leben veränderte.
An diesem Tag überschlug er sich mit einem Leihauto in Frankreich. Seither ist er gelähmt.
Frank Williams ist lupenreines Racing-Urgestein, so eine Art englischer Enzo Ferrari. Er hat die Reißfestigkeit von Kohlefaser, in seiner größten Zeit hatte er die Strahlkraft von Uran, er ist gnadenlos, spielt gerne mit Menschen Schach und er erscheint uns als charismatische Figur des Leidens, die zugleich von einer Aura der Unzerstörbarkeit umgeben ist.
Er war bereits tief verwurzelt in der Formel 1 der Siebzigerjahre, die uns heute wie das tiefste Mittelalter erscheinen, wo eine große Willkür und Gesetzlosigkeit herrschte und die Rennfahrer regelrecht hingerichtet wurden.
Frank wurde am 16. April 1942 geboren, seine Mutter war Lehrerin, den Kampf-

geist hat ihm wohl sein Vater vererbt, der im zweiten Weltkrieg Bomberpilot war. Als Frank geboren wurde, verließ der Vater die Mutter.
Die Kindheit war kein Honiglecken. Frank entpuppte sich als Sprachentalent. Rennautos wurden seine große Liebe. 1961 fuhr er mit einem winzigen Austin A35 sein erstes Rennen und er traf auf den englischen Pisten junge Gleichgesinnte, die später in seinem Leben eine Rolle spielen sollten. Sie hießen Piers Courage, Jonathan Williams, Charlie Crichton-Stewart und Sheridan Thynne - der später sein Finanzdirektor werden sollte.
Frank startete sein Business in der Formel 3, er war gut, aber nicht wirklich eine Granate, aber von seinen Deals konnte er leben. Er verkaufte bevor die Rennsaison 1967 begann, nicht weniger als 18 Formel 3-Rennwagen, damit finanzierte er sich seinen eigenen Rennstall in der Formel 3 und Formel 2, wo Piers Courage für ihn fuhr, der Spross einer britischen Bierbrauer-Dynastie, der alles andere als ein verwöhnter Playboy war, sondern ein Racer, genau wie Frank.
Piers Courage soll zu seinem Vater, der ihm die Rennerei verbieten wollte gesagt haben: «Du hattest den Krieg als großes Abenteuer, für mich ist es die Rennerei. » Klar, dass er mit Frank auf einer Wellenlänge lag.
Am 16. März 1969 stand ein Brabham in der letzten Reihe des «Race of Champions» von Brands Hatch, ein Formel 1 Rennen, das nicht zur WM zählte. Im Cockpit: Piers Courage. In dieser Saison betrat der kleine, drahtige Frank mit seinem Freund Piers und diesem Brabham-Ford in Spanien erstmals die große Formel 1-Arena.
In Monaco wurde Courage hinter dem Werks-Lotus von Graham Hill sogar Zweiter. In Watkins Glen gab es nochmals einen zweiten Platz und obendrein noch zwei fünfte Ränge - unglaublich, was damals noch alles möglich war.
1970 übergab ihm De Tomaso sein Formel 1-Chassis. Frank hatte mit Ausnahme einer Werkzeugfirma keinen Sponsor. Er investierte 55.000 Pfund in die Anschaffung von Transportern, Versicherungen, Flugtickets und Löhne für Mechaniker. Drei Cosworth-Motoren kosteten allein 22.00 Pfund. Courage schlug sogar ein 30.000 Pfund Angebot von Ferrari aus, obwohl ihm Frank nur 3000 Pfund garantierte. Und die blieb er ihm schuldig.
In Zandvoort verunglückte Piers Courage tödlich. Mit 230 km/h war der DeTomaso wahrscheinlich wegen eines Aufhängungsdefektes von der Piste abgekommen und explodiert. Der sympatische, hochtalentierte Brite starb in den Flammen. Es gab keine Sicherheitstanks, die Rümpfe waren fragile Blechkästen, es gab noch kein Carbon, als Knautschzonen mussten die Piloten herhalten und die Rennpisten waren gefährlich wie Minenfelder.
Frank war ein gebrochener Mann. Doch aufgeben? Dieses Wort kennt er nicht.
1971 fuhr Henry Pescarolo seinen Williams-March. Dass Frank ein toller Kumpel war, wird von Dieter Quester überliefert: «Ich hatte mir 1971 in Vallelunga beim Training die linke Seite meines March-BMW Formel 2 Autos weggerissen und wir hatten keine Ersatzteile. Frank, der selber am finanziellen Abgrund balancierte, gab uns was er hatte: zuerst die hintere Radaufhängung, dann die vordere, dann die Verkleidung und die fehlenden Kleinteile. Und er hat nichts verlangt. Dass ihm Paul Rosche ein BMW-Taschenfeuerzeug geschenkt hat, war geradezu ein Hohn.»
1972 sah man Henry Pescarolo und Carlos Pace in den ISO-Marlboro genannten

Williams-Autos, die 1973 von Van Lennep und Howden Ganley gefahren wurden. 1974 wurde Arturo Merzario Sechster in Kyalami und Vierter in Monza. 1975 holte Laffite am Nürbugring einen zweiten Platz für Frank, der mit dem Preisgeld seinen Schuldenberg um ein paar Zentimeter abbauen konnte.
Frank lebte von der Hand im Mund, er klagte nie, suchte nie Ausreden, fand immer neue Freunde und Sponsoren. Das Leben in den Slums der Formel 1 hat ihn geprägt. Es lehrte ihn alle Tricks zum Überleben in der Top-Liga.
1976, als ihm das Wasser bis zum Mund stand, nahm er den Rettungsring des Austro-Canadiers Walter Wolf an, der mit Franks Rennstall seine Formel 1-Ambitionen befriedigen konnte. Aber die Partnerschaft machte Frank nicht glücklich. Jacky Ickx und Michel Leclere saßen in den Autos, Merzario, Chris Amon, Hans Binder, Warwick Brown lösten sich ab, alle waren nur Statisten. Frank wollte frei sein, sich nicht kaufen lassen, lieber in den Slums hausen, als im goldenen Käfig Befehle entgegen nehmen zu müssen. Frank war ein Pirat, der in den Formel 1-Gewässern auf eigene Faust Beute machen wollte. Er trennte sich in Freundschaft von Walter Wolf.
1977 war das Geburtsjahr von Williams-Grand Prix Engineering. Bevor dieser Patrick Head, ein britischer Techniker, der schon 1976 zum Wolf-Williams-Team gestoßen war, für 1978 den ersten reinrassigen Williams-Cosworth FW06 konstruierte, setzte man 1977 unter Patrick Neve noch einen March-Cosworth ein. Bestes Resultat: Rang sieben in Monza
Heads Konstruktions-Philosophie hieß: mach` ein simples Auto. Mit seinem FW06 wurde Alan Jones in Watkins Glen Zweiter und 1979 passierte etwas Großartiges: Clay Regazzoni schenkte Williams in Silverstone den ersten Sieg, und Alan Jones gewann danach die Grand Prixs von Deutschland, Österreich, Holland und Canada. Patrick Head hatte das von Lotus ins Spiel gebrachte Ground-effect Konzept im FW07 zu einem potentiellen Siegerauto verbessert.
Für Patrick Head ist dieser Silverstone-Sieg heute noch «unser denkwürdigster Sieg, weil er der Erste war.»
Wie Frank Eingang in jenen Londoner Club fand, wo die Saudis dem Glückspiel nachgingen, und in einer Nacht ungerührt Summen verspielten, die dem Budget-Haushalt einer Provinzhauptstadt entsprachen, klingt wie ein Märchen aus 1001 Nacht. Frank baggerte sie für seinen Rennstall an. Die Saudis offerierten zuerst Prämien, die Rennautos waren für sie ein Spiel, wie die Falken-Jagd in ihrem Land.
«Fly Saudia» und «TAG» sah man auf den Williams plakatiert. Alan Jones wurde 1979 hinter den Ferrari-Piloten Scheckter und Villeneuve Dritter in der WM.
Als Frank Ende 1979 Clay Regazzoni kündigte, wurde er heftig kritisiert. Mit Carlos Reutemann holte er sich einen Piloten ins Team, der Alan Jones aufwecken sollte - und umgekehrt. Diese Strategie des internen Hahnenkampfs zog er bis heute durch, sie hieß später Mansell gegen Piquet, oder Montoya gegen Ralf Schumacher.
1980 war sein Traumziel, dem er seit elf Jahren nachlief, erreicht: Alan Jones wurde Weltmeister.
Das Williams-Team arbeitete hart und konzentriert, die Disziplin lebte Frank vor. Man erfand das «Briefing» und das «Debriefing»: stundenlange Meetings in den Wohnmobilen, damals noch ohne Datenlawinen aus dem Computer.

1982 wurde Keke Rosberg auf Williams Weltmeister. Ohne Turbomotor, mit einem Cosworth-Sauger. In 16 Rennen gab es elf verschiedene Sieger. Das Williams-Team war gewachsen, schon hatte man 70 Leute auf der Lohnliste.
1984 hatte auch Williams seinen Turbo: Honda machte bei den Briten Dampf, nachdem die Japaner sich zunächst vom McLaren-TAG-Turbo «made by Porsche» demütigen lassen mussten.
Ab Mitte 1985 agierten die Honda-Japaner neben dem Williams-Werk in einem eigenen Motoren-Center. Mansell gewann Brands Hatch und Kyalami, Rosberg siegte in Adelaide, aber Weltmeister wurde Alain Prost auf McLaren- Porsche.
Und dann kam der 6. März 1986.
Franks Beifahrer war Peter Windsor, damals Team-Manager bei Williams, heute einer der profiliertesten Formel 1-Reporter im englischen Sprachraum. Anfang der 80er Jahre hatte Peter in England 500 Pfund bei einem Journalisten-Wettbewerb gewonnen. Er stellte diese Summe einem jungen Rennfahrer mit Namen Nigel Mansell zur Verfügung, weil er an dessen Talent glaubte, gleichzeitig schrieb er für ihn hunderte Bettelbriefe an Firmen, um Sponsorgelder aufzutreiben. Dieser Peter Windsor, mit dem ich über die Jahre hinweg, ein sehr freundschaftliches Verhältnis aufbaute, saß also an diesem unheilvollen Tag neben Frank Williams im Auto. Vor Jahren hat mir der Peter bei einem Grand Prix die ganze Story erzählt, und ich habe einen Recorder mitlaufen lassen.
«Das Williams-Team war mit Piquet und Mansell bei Testfahrten in Le Castellet. Frank plante am nächsten Morgen in England einen Halbmarathon zu laufen. Ich saß neben Frank in einem Ford-Sierra Mietauto, wir waren von Le Castellet nach Nizza unterwegs.
Frank fuhr recht schnell, bisweilen rutschte das Heck in langsamen Kurven weg. Auf dem letzten Pass lag eine Kuppe vor uns. Wir hatten etwa 120 Stundenkilometer drauf, die Straße war wirklich schmal und links und rechts von einem Sandstreifen begrenzt, als plötzlich das Heck ausbrach. Der Sierra hatte eine schreckliche Servolenkung, die ziemlich unpräzise war. Frank korrigierte, aber er korrigierte zu schnell und er kam sofort in eine Pendel-Bewegung, die uns herumschleuderte. Ich sah, dass wir auf eine Mauer zuflogen, die innen auf der Straße stand. Wir schlugen genau am Ende dieser Mauer ein. Das Auto stieg in die Luft. Es verging eine Ewigkeit, in der nichts passierte. Wir waren beide angegurtet. Als das Auto verkehrt landete, schlug es genau dort zuerst auf, wo sich Franks Kopf befand. Dabei wurde die Wirbelsäule vom Kopf abwärts zusammengestaucht, der vierte und fünfte Nackenwirbel brachen, sie wurden regelrecht zerquetscht. Das Auto lag auf dem Dach. Innen war alles verwüstet. Plötzlich roch es nach Benzin. Frank schrie: Zündung aus! Das war nicht einfach, wir lagen ja verkehrt, hingen in den Gurten, und ich lag auf der anderen Seite. Frank rief immer wieder: hol mich raus, ich bin gefangen. Auf einmal begriff er, dass er sich nicht bewegen konnte. Ich versuchte Frank rauszuhieven, der einzige Weg war eine Bergung durch das Heckfenster, dessen Überreste ich erst mit einem Stein einschlagen musste. Ein Franzose blieb stehen und half mir. Wir legten Frank 20 Meter vom Auto entfernt auf den Boden. Dieser Franzose, so stellte sich heraus, war der Mathematiklehrer von Carlos Reutemanns Tochter Cora gewesen. Ich hielt einen Mann auf und versuchte ihm klar zu machen, er möge Piquet oder Mansell von der Rennstrecke herholen. Ich war 50 Minuten mit Frank allein. Ich

hielt seinen Kopf, er sagte, er habe kein Gefühl in Armen und Beinen. Dann kamen Nelson und Nigel und die Rettung aus Toulon...»
Zwischen jenem Tag, in dem Frank seinen Unfall hatte, und jenem 26.Oktober 1986, an dem Nigel Mansells Traum vom WM-Titel in Adelaide dahin war, weil der linke Hinterreifen platzte, lag für Williams eine Saison voller Siege: Mansell gewann fünf Rennen – Belgien, Canada, Frankreich, England und Portugal. Piquet stand viermal ganz oben: in Brasilien, Deutschland, Ungarn und Italien.
Und Frank ist heute noch überzeugt: «Hätte ich 1986 nicht meinen Unfall gehabt, wäre unsere Ehe mit Honda Ende 1987 kaum vorzeitig geschieden worden. Die Japaner waren überzeugt, dass ein Rennstall mit einem gelähmten Boss keine Zukunft mehr habe...» Honda irrte.
Piquet wurde 1987 auf Williams-Honda Weltmeister, 1992 holte Mansell auf Williams-Renault den Titel, ein Jahr später war es Alain Prost. 1996 hieß der Weltmeister Damon Hill, 1997 Jacques Villeneuve.
Triumph und Tragik bestimmten das Leben des Frank Williams. Als 1994 der göttliche Ayrton Senna in einem Williams starb, saß Frank bereits acht Jahre im Rollstuhl. Sennas Tod hat das Team unglaublich belastet, zumal Frank, Patrick und Adrian Newey der fahrlässigen Tötung angeklagt waren, aber dann freigesprochen wurden.
Frank, der rund um die Uhr betreut werden muss, hat ein wunderbares Lebenselixier und das heißt: Racing.
Frank Williams und Patrick Head sind bekannt dafür, dass sie als alte Formel 1 Barone sehr autoritär über ihre Fahrer herrschen. Das war bei Mansell und Piquet so, und auch bei einem Ralf Schumacher wirkten sich ihre Erziehungsmaßnahmen eher destruktiv aus.
Bei Williams steht bis heute nur ein Fahrer hoch im Kurs, turmhoch über alle anderen, egal ob sie Piquet, Mansell, Patrese, Prost, Montyoa oder Ralf Schumacher hießen. Sein Name: Alain Jones. Der Australier, holte 1980 für Williams den ersten WM-Titel.
Die Jahre kamen und gingen, Frank und Patrick, die beiden Urgesteine hatten jahrelang Maßstäbe in der Formel 1 gesetzt, in Punkto Windkanal-Technologie hatten sie einmal fast zwei Jahre Vorsprung. In ihren Racing-Gehirnen entwickelte sich ein gnadenloses Konkurrenzdenken. Sie investierten das meiste Geld aus Sponsorship und TV-Einnahmen in ihren Rennstall. Aber ihr Management-System, das sie jahrelang zu einem Top-Team stempelte, hatte ein Ablaufdatum, das von ihnen offenbar nicht erkannt wurde.
Die Ehe mit BMW war nicht einmal als reine Zweck-Koalition aufrecht zu halten.

Was Engländer und Deutsche trennte, erinnerte an zwei Ingenieure, die sich gegenseitig die Passwörter für ihre Computer vorenthalten.

Gustav Brunner: Reissbrettnomande der Formel 1

11

Als die Pleitegeier kreisten

Heute verpulvern die Autohersteller mit ihren Teams bis zu 400 Millionen Dollar pro Saison. Das war nicht immer so.

Ich behaupte: die heutige Formel 1 produziert keine Geschichten mehr. Aus der News-Maschine der Top-Liga fließt sprachgeregelter, vorgefertigter Einheits-Schleim, die guten Stories – falls es welche gibt – fallen der Zensur zum Opfer. Die Formel 1 von früher war ein gefährliches Minenfeld, sie lebte von ihren Fehlern, Streitereien, Unfällen und von dem abenteuerlichen Bastlertum, das haarsträubende Experimente in Gang setzte, weil es keine Computerisierung und keine Simulationsprogramme gab. Sie zog Goldgräber an, die sich ihren Claim absteckten.
Beamen wir uns mit Gustav Brunner in die 80er Jahre zurück.
Der gebürtige Österreicher aus Köflach absolvierte in Graz die höhere Technik-Schule, bevor er im Juli 1969 über Vermittlung von Helmut Marko bei dem in Bayern hausenden McNamara-Racing-Team anheuerte. Er konstruierte seit damals Rennautos für Marko, Andretti, Bellof, Höttinger, ATS, Winkel-

hock, Arrows, Alfa Romeo, Patrese, RAM, Indy, Tom Sneva, Ferrari, Berger, Rial, Zakspeed, Leyton House-March, Minardi und Toyota.

McNamara war ein seltsamer Ami, der das Vermögen seiner Frau tatkräftig mit dem Bau von Rennwagen reduzierte. Er pflegte sich seine Zigarren mit 100 Mark Scheinen anzuzünden. Bei McNamara, wo man Autos für Andretti, Jochen Mass und Niki Lauda auslieferte, war der Ofen aus, als Frau McNamara an einer Überdosis Schlaftabletten starb. Brunner, damals Lehrjunge des Chefkonstrukteurs Jo Karasek, «wurde im Auftrag eines Richters zum Konkursverwalter bestimmt.»

1972 bis 1974 war er Einkäufer bei BMW-Motorsport.

«Ich wollte aber konstruieren, und so begann ich freiberuflich Sportwagen für Privatkunden zu bauen ...»

1975 bis 1977 arbeitete er für die Skifirma Marker in Garmisch. Im Frühjahr 1978 stieß er zu ATS: «Ich fand eine leere Halle und einen einzigen Mechaniker vor, die anderen waren gerade entlassen worden, Konstrukteur John Gentry wurde später auch gefeuert. Bis Zandvoort baute ich ein neues Flügelauto, das zweite in dieser revolutionären Epoche, die Lotus erfunden hatte. Ich begriff sofort alle Vorteile, aber ich hatte keine Ahnung. Weil die Zeit drängte, ging ich einfach zu March, zeigte im Lager in die Regale und sagte, packts mir das, das und das dort oben ein, denn ich bau einen Formel 1. Bei Testfahrten verunglückte Jochen Mass in Silverstone schwer, ein Mechaniker hatte das Gelenk eines Längslenkers falsch montiert. Jochen zog sich einen Beckenbruch zu, die Bremsleitungen hätten ihn fast stranguliert ...»

Am Saisonschluss veranstaltete Lotus seinen traditionellen Flohmarkt. Der mittlerweile verstorbene ATS-Boss Günther Schmid kaufte dort laut Brunner «eine Heckpartie samt Flügel, doch zu Weihnachten 1978 habe ich gekündigt.»

1980 kehrte er zu ATS zurück, um eine Neukonstruktion aus dem Talon zu ziehen. Jan Lammers stellte sie in Long Beach auf den vierten Startplatz. In Zandvoort kündigte Brunner wieder einmal und ging zu Arrows: «Über den Winter bauten wir eine tolle Kiste, Patrese stand in Long Beach auf Pole, doch im September stieg Hauptsponsor Warsteiner aus. Ich bekam vom Teambesitzer, Jackie Oliver, keine Kohlen mehr. Meine Frau musste mir Geld für Benzin borgen, Arrows war pleite, man arbeitete nur noch halbtags. Jackie Oliver und sein Kumpel Alan Rees, bedrohten meine Frau, damit ich zur Arbeit komme. Ich kündigte ...»

1983 baute er für ATS das erste Kohlefaser-Auto und ging dann aber für «viel mehr Geld zu Alfa».

Sein Pilot war wieder einmal Ricardo Patrese, sein Rennleiter hieß Pavanello, die Motoren waren Spritvernichter. Als Alfa ausstieg, stieg auch Brunner aus. Pavanello blieb ihm den Lohn schuldig: «Ich nahm mir den Ferrari-Anwalt aus einer Kanzlei, die für den Vatikan arbeitete», trotzdem sah Brunner erst nach fünf Jahren sein Geld.

Für John McDonald, der mit seinem RAM-Team auch zu den Goldsuchern gehörte, baute Brunner «das beste Auto, das ich je gefahren bin» wie sich Philippe Alliot erinnert.

Am 7.Jänner 1986 wurde Brunner von Enzo Ferrari als Projektleiter eines Indianapolis-Auto engagiert.

«Ich hatte es komplett fertig, als alles abgeblasen wurde. Am Montag nach dem Monza-Grand Prix 1986 gab mir Enzo den Auftrag einen neuen Formel 1 zu bauen. Im November kam dann John Barnard, und es wurde mir schnell klar, dass er mich weg haben wollte ...»
Barnard versuchte Brunner in die mit Ferrari-Geldern in England errichtete Konstruktionsfirma GTO abzuschieben, «aber ich war kein Reißbrett-Beamter, der auf Anweisung arbeitet, ich wollte an der Rennstrecke stehen und kreativ sein.»
Als Barnard dahinter kam, dass der Steirer im Untergrund, mit Rückendeckung des alten Ferrari ein neues Formel 1 Auto konstruierte, bestand er auf Brunners Entlassung.
Man muss sich das auf der Zunge zergehen lassen, welche Zustände damals bei Ferrari herrschten: da wurde um eine Unsumme John Barnard eingekauft, der aber nicht nach Maranello gehen wollte, sondern in England blieb, wo ihm Ferrari ein Konstruktionsbüro einrichtete. Und weil der alte Enzo nicht an Barnard glaubte, befahl er Brunner insgeheim einen zweiten Formel 1 zu bauen ...
1988, Brunner war längst von Ferrari weg, zeichnete er für Günther Schmids Rial-Team ein interessantes Auto, «das aber nie einen Windkanal gesehen hat», in dem er aber seine Konstruktions-Philosophie ungebremst umsetzen konnte: simpel und effizient. Brunners Spezialgetriebe war zwar eine Schwachstelle, aber für Testfahrten war kein Geld da: «Schmid hungerte das Team aus, eines Tages hatten wir keine Ersatzteile mehr ...»
Schmid, der einmal die Woche nach England flog, um seine Formel 1-Werkstatt zu inspizieren, pflegte, bevor er die Werkstatt betrat, alle Mistkübeln zu durchstöbern. Fand er Metallabfälle oder Composite-Werkstoffe, so fischte er sie aus dem Mist um sie den Mechanikern vor die Füße zu knallen. In schlechtem Englisch brüllte er sie an, dass er ihnen diese Verschwendung vom Lohn abziehen werde.
Brunners Schicksal: «Ich war wieder einmal in einem Krämerladen beschäftigt.»
Als ihn Yamaha über amerikanische Manager kontaktierte, um Infos für einen Formel 1-Einstieg einzuholen, kanalisierte Brunner die Japaner zu Erich Zakowski.
In Japan zeigte man Brunner den neuesten V-8 Zylinder Formel 1-Motor am Prüfstand.
Brunner war von der Leistung beeindruckt. Was er leider erst später herausfand: «Die Prüfstände waren frisiert, man hat uns betrogen.»
Brunner meinte, als das Zakspeed-Yamaha Debakel ersichtlich wurde: «Wenn ich jetzt nicht bald meine Haut rette, ende ich als Karten-Verkäufer bei einem Tiroler Skilift.»
Bei March schien er dann endlich ein Team gefunden zu haben, das beachtliche finanzielle Ressourcen besaß. Adrian Newey war nicht nur der Cheftechniker, sondern auch sein Hausnachbar in Bicester. Als Newey ging, war Brunner die Nummer eins. Aber sehr bald kam die Zeit, wo die japanischen Schwarzgeld-Milliardäre für die Formel 1 Unterhaltung, nicht mehr zur Kasse gebeten werden konnten, weil sie entweder eingelocht wurden oder wieder auf ihren Reisfeldern arbeiteten.

Auch der March-Geldgeber war plötzlich weg und im Rennstall ging das Licht aus.
Gustav Brunner nahm das Angebot von Jean Todt an und kehrte am 1.Jänner 1994 zu Ferrari zurück.
Im Sommer 1994 setzte Brunner am Barnard-Ferrari den Rotstift an. Er baute effizientere Kühler und korrigierte das Handling.
Das Handling war schlecht und durch Computer-Simulationen nicht in den Griff zu bekommen.
Brunner, der Kettenraucher, flanierte grinsend zwischen den Workstations der Entwicklungs-Ingenieure durch und prophezeite «den Computer-Heinis, ihr werdet nie draufkommen was falsch an der Radaufhängung ist.»
Brunner fand die Lösung.
Und wie?

«Das Problem hatte ich schon früher, ich machte ein Stangerl länger, eines kürzer, und schon waren Berger und Alesi mit dem Handling zufrieden ...»

Mario Andretti (r.): Entspannung auf der Kyalami-Ranch

12

Jenseits von Afrika

Bereits 1993 lief in Kyalami der letzte Südafrika-Grand Prix. Kyalami bleibt aber ein Lesezeichen im Sagenbuch der Formel 1.

Kyalami liegt auf dem Hügelland bei Johannesburg 1.800 Meter über Meeres-Niveau. Nur die Rennstrecke von Mexico-City (2200 m) liegt noch höher. Die Saugmotoren verloren in der Höhenluft von Kyalami bis zu 20 Prozent an Leistung.
Seit 1967 wurde der Formel 1-Grand Prix von Südafrika auf der 4.10 km langen Strecke gefahren, deren neuralgischer Punkt die Bremszone am Ende der Zielgeraden war. Ein weiterer haariger Punkt war «Jukskei Sweep», ein Linksknick, der im vierten Gang mit rund 220 km/h genommen wurde.
Mehr als zwei Jahrzehnte war die Kyalami-Ranch, in Sichtweite der Rennstrecke, Unterkunft und Oase des Grand Prix-Trosses. Mit seinen schilfgedeckten Bungalows war die Kyalami-Ranch ein Mittelding zwischen Militär- und Safari-Camp, das mit Swimmingpools, Tennisplätzen, Bars und einem sündhaft teuren Restaurant um Gäste buhlte.

Ende der sechziger Jahre von einem KLM-Kapitän eröffnet, wurde die Ranch das Absteigequartier aller von Europa nach Johannesburg kommenden Flugzeugbesatzungen. Das Hotel war gleichzeitig die «Radnabe» des Rennens, um die sich alles drehte. Hier konnte man Jochen Rindt mit Bernie Ecclestone Back Gammon spielen sehen, man konnte mit Mario Andretti, Niki Lauda, Jackie Stewart, Graham Hill, Colin Chapman und Rob Walker in der Badehose im Gras liegen und eisige Getränke mit Sandwich bei den farbigen Dienstboten bestellen, die mit urigen Naturlauten diese Bestellungen aufnahmen, um dann auf Nimmerwiedersehen zu verschwinden. Erst beim Aus-Checken fand man die nie erhaltene Bestellung wieder: auf der Hotelrechnung...
Die Zahl der Reporter war gegenüber heute verschwindend klein, auf der Rennstrecke gab es nur ein paar Telefone, deren Leitungen über Johannesburg nicht hinausgingen. In der Kyalami-Ranch sonnten sich die Rennfahrer auf einem Quadratmeter Handtuch, sie redeten noch miteinander und waren froh, dass sich einige Reporter aus Europa bis hier her verirrt hatten.
Man sah Clay Regazzoni grazil wie ein Panzer Fußball spielen, Jacky Ickx im Pool Langstrecken-Schwimmen, man bekam Jackie Stewart als zaghaften Tormann zu Gesicht, der sich ja nicht verletzen wollte. Und man wartete auf John Surtees, der mit seiner Honda jedes Mal fast bis ins Schlafzimmer seines Krals fuhr.
In der Kyalami-Ranch konnte man Ferraris legendären Chefingenieur Mauro Forghieri in seiner Strohhütte so laut ins Telefon brüllen hören, dass man ihn auch noch jenseits von Afrika verstand.
Es gab unglaubliche Gewitter, die sich stundenlang am Nachmittag über Johannesburg zu einem Weltuntergang zusammenbrauten, um sich dann am Abend mit 50 Blitzen in der Minute über den Hügeln von Kyalami zu entladen. Das harmlose Wassergerinsel, das neben der Ranch lautlos am Versickern war, schwoll dann zu einem reißenden Fluss an.
Oft genug waren die bestellten Zimmer schon vergeben, oft genug war die Hotelrechnung das reinste Abzocken, oft genug verschwanden die Koffer, oft genug wartete man bis zu drei Stunden auf ein Telephongespräch nach Europa.
In Kyalami stahl sich die alte Zeit fast unbemerkt davon: Die Zeit der desolaten Pisten-Sicherheit, die Zeit der lebensbedrohenden Autos, die Zeit der abenteuerlichen Romantik und der charismatischen Piloten.
Die Rennstrecke hatte ihre Tücken, aber man lebte lange Jahre mit ihr. Man schimpfte über die Abzockerei in der Kyalami-Ranch, doch man wohnte immer wieder dort.
Im europäischen Winter machte die Formel 1 großangelegte Reifentests, die Top-Teams bekamen von den Reifenfirmen pro Testmeile einen bestimmten Geldbetrag. Reifentests in Kyalami waren für sie die wunderbare Geldvermehrung.
1973 fing der BRM von Clay Regazzoni in einer Kollision mit Mike Hailwood Feuer. Clay saß eingeklemmt in den Flammen, Hailwood versuchte in einem heroischen Alleingang den Schweizer zu bergen, die Löschversuche der Streckenposten waren reinster Slapstick.
«Rega» hatte Verbrennungen an den Armen, sein Helm war zur Hälfte geschmolzen.

1974 kam der Amerikaner Peter Revson bei Testfahrten ums Leben, als an seinem Shadow die Radaufhängung brach.
Das unglaublichste Drama spielte sich im Jahre 1977 ab.
Ich sehe heute noch Tom Pryce vor mir, wie er am frühen Morgen des Renntages, bereits im Overall, aus seinem Bungalow trat und seltsam lange den Himmel und die ganze Ranch betrachtete, so wie man vor einem Abschied noch einmal seine Blicke über einen schönen Ort schweifen lässt.
Wenige Stunden später war er tot.
Als er mit 250 km/h über die Kuppe der Zielgeraden brauste, lief ein Streckenposten mit einem Feuerlöscher über die Bahn.
Der Shadow von Pryce erfasste ihn, der Feuerlöscher schlug wie eine Bombe im Cockpit ein. Tom muss sofort tot gewesen sein, aber das Auto raste führerlos weiter, die eineinhalb Kilometer lange Gerade hinunter, wo er in der Bremszone vor der Rechtskurve den Ligier von Jacques Laffite torpedierte.
Ich stand damals genau dort hinter den Leitschienen und das Laffite Auto kam auf mich zugeflogen. Mit einem Sprung, der einem nur in Todesangst gelingt, hechtete ich nach rückwärts in einen Graben, doch zum Glück wurde der Ligier von der Leitplanke wieder auf die Piste zurückgeworfen. Auch der Shadow von Tom Pryce kam endlich im Sturzraum der ersten Kurve zum Stillstand.
Der junge Brite, der damals als größtes Britisches Nachwuchs-Talent galt, lag ohne Helm bis zur Unkenntlichkeit entstellt im Cockpit.
1982 kam es in Kyalami zu einem Fahrerstreik.
Die Grand Prix Drivers-Association hatte längst zu einem Verein abgewirtschaftet, den niemand mehr ernst nahm. Die Vorgeschichte des Streiks: Es ging um das Antragsformular zur Ausstellung einer Super-Lizenz. Erst Niki Lauda, der zum Wortführer der Piloten wurde, öffnete seinen Kollegen die Augen, die das Antragsformular unterschrieben hatten, ohne das Kleingedruckte gelesen zu haben.
Lauda: «Wenn ich mich mit McLaren nach einem Jahr zerstreite und deshalb weg will, hätte ich eine Super-Lizenz, die nur auf McLaren gilt. Ich kann mich brausen und muss zuschauen...»
FOCA-Anwalt Max Mosley konterte damals: «Alles blöd, was die Fahrer da hinein interpretieren...»
In Kyalami 1982 wurde daraufhin der längste Fahrerstreik der Formel 1 Geschichte inszeniert. 25 Stunden lang hatten sich die Fahrer im Johannesburger «Sunnyside Park»-Hotel verbarrikadiert. Sie lehnten es ab, mit ihren Bossen zu sprechen, Elio de Angelis unterhielt die Streiker mit Klavierspiel. FISA-General Balestre wollte das Rennen um eine Woche verschieben und dann Formel 2 und Formel 3-Fahrer aus Europa einfliegen lassen. Den Formel 1 Stars drohte er mit Lizenzentzug.
Lauda sorgte dafür, dass der Haufen nicht zerfiel, geschlafen wurde auf einem Matratzenlager.
Freitag Vormittag war der Streik zu Ende. Sporthoheit und Zirkusdirektion ruderten zurück, Ecclestone sicherte den Fahrern zu, man würde die Bedingungen zur Erlangung der Super-Lizenz wieder ändern.
In Wahrheit hätte ein Fahrer mit dieser Super-Lizenz seine totale Sklaverei

Tod in Kyalami: Peter Revson kam in seinem Shadow Ford bei Testfahrten ums Leben

Tom Pryce: Englands großes Nachwuchstalent starb am 5. März 1977 in Kyalami

besiegelt. Und das war ja das Ziel der Zirkusdirektion, denn wenn die Fahrer erst einmal ihre Sklaven waren, hatten sie fast keine Chancen mehr, neue, höher dotierte Verträge auszuhandeln.
Aber ein Bernie Ecclestone verliert nicht gerne eine Kraftprobe.
Als Nelson Piquet das Training aufnehmen wollte, winkte Ecclestone, damals noch Brabham-Besitzer, ab. Nelson sei einer der Rädelsführer des Streiks gewesen und er habe sich die ganze Nacht damit beschäftigt, die Fahrer in ein gemeinsames Zimmer zu sperren. Deshalb sei er müde und übernächtig, er müsse sich ausruhen. Es reifte sogar der Plan, die Rennfahrer bei der Ausreise am Flugplatz verhaften zu lassen. Piquet der Weltmeister, saß während des einzigen freien Trainings in der finsteren Brabham-Box und kochte vor sich hin. Es war entwürdigend für Piquet und ein Drama für die BMW-Truppe. Im Abschlusstraining freilich fuhr Piquet hinter Arnoux die zweitschnellste Zeit.
Prost auf Renault gewann vor Reutemann auf Williams das Rennen.
Zweimal wurde die Strecke umgebaut, Finanzprobleme und politische Unsicherheiten strichen den Südafrika-Grand Prix immer wieder aus dem Kalender. 1986 bis 1991 gab es kein Rennen. 1985 und 1992 gewann Nigel Mansell, 1993 (Sieger Prost) lief der letzte Grand Prix.

Kyalami bleibt unvergessen.

Josef Leberer und Ayrton Senna bei McLaren

13

»Der sich selbst entdeckte«

Noch einmal Senna. Der Physiotherapeut Josef Leberer stand ihm näher als alle anderen. In einem Gespräch, 10 Jahre nach Sennas Tod, spricht Leberer erstmals über seinen Freund.

Wie entstand dieses Nahverhältnis?

Leberer: «Das hat sich ergeben. Ich habe versucht ihm von meiner Seite her alles zu geben, vom Essen, von der Therapie, vom Training, vom Mentalen her. Das hat ihm gut getan. Ich hatte das Glück, dass ich von dem heute schon legendären Fitness-Papst Willy Dungl gekommen bin, wo ich sehr viel gelernt habe. Zwischen mir und Ayrton hat einfach die Chemie gestimmt.»

Wie haben sich eure Wege gekreuzt?

Leberer: «Ich bin 1988 zu McLaren gegangen, und er ist von Lotus gekommen. Willy Dungl hat sein Bio-Zentrum aufgebaut, seine Tochter Andrea, die McLaren ein Jahr betreut hatte, machte ihren Doktor, und so habe ich als Physiotherapeut Prost und Senna bei McLaren übernommen.»

War der Anfang mit Ayrton schwierig?

Leberer: «Eigentlich nicht. Für mich war alles überwältigend. Das erste Rennen war in Rio. Das Essen, das ich ihnen gekocht habe, hat geschmeckt. Vor zwanzig Jahren war der Einkauf von Lebensmittel auf einer Rennstrecke wie Rio nicht einfach und die hygienischen Bedingungen schwierig. Ayrton hat das Rennen nicht gewonnen, Prost hat gewonnen. Ayrton hat sofort seinen Eltern und Freunden erzählt, wie gut ihm meine Betreuung tut. Am Abend nach dem Rennen, und das hat mich total überrascht, hat er mich um neun Uhr Abends angerufen. Ich war ziemlich fertig, denn der Druck war sehr groß für mich gewesen. Ayrton fragte mich, was ich mache, er lud mich ein, den Abend mit ihm und seinen Freunden zu verbringen. Ich fand das total stark. Ich habe das nicht erwartet, denn er war so eiskalt und beinhart zu den Mitarbeitern, wenn es nötig war. Und er war beinhart zu sich selber. Und plötzlich denkt der an mich. Ich war völlig überrascht. Inmitten seiner Freunde war er ein ganz anderer Mensch, wenn er portugiesisch sprechen konnte. Damals habe ich schon gesehen, dass er anders sein konnte, als ihn die Medien und die meisten Menschen sahen.»

Die McLaren-Seilschaft Prost und Senna hat sich im Laufe der Zeit völlig entzweit. Wie war das mit dir, konntest du neutral bleiben?

Leberer: «Am Anfang ging es recht gut, ich habe ja beide betreut. Ich habe für beide gekocht, dann wurde es schwieriger. Ich habe meinen Job gerne gemacht, und sie haben mich nicht unter Druck gesetzt. Sie haben gespürt, dass sie mich brauchen und sie haben gemerkt, dass ich keine Politik mache. Und das haben sie respektiert.»

Aber bei aller Neutralität, die Dein Job damals forderte, bist du ja auch nur ein Mensch. Ist dir der Senna im Laufe der Jahre ans Herz gewachsen?

Leberer: «Das kann man so sagen. So wars auch. Im Endeffekt ist mir der Senna näher gestanden. Er hat von sich aus mehr hergegeben. Prost war sehr freundlich, wir hatten viel Spaß. Am Ende des ersten Jahres hat sich das so ergeben, Ayrton hat sich um seine Leute gekümmert. Auch wenn es sehr schwierig war mit ihm ein Nahverhältnis aufzubauen, war er nie oberflächlich. Aber er konnte sofort abblocken, wenn ihm wer nicht gepasst hat. Er hat sich um alles und um alle gekümmert, vom Hilfsarbeiter bis zu seinen Ingenieuren. Er hat jedem das Gefühl gegeben, dass er sehr wertvoll ist. Ich treffe heute noch Leute von damals, die jetzt nicht mehr dabei sind, aber denen kommen sofort die Tränen, wenn wir von Ayrton reden. Es war unglaublich, welche Verbundenheit und welche Emotionen er in diesen Leuten erwecken konnte.»

Was hat ihn so stark gemacht, so einmalig, so perfekt, so phänomenal?

Leberer: «Da kommen immer noch neue Sachen hinzu. Selbst mir fällt es schwer das Phänomen Senna zu beschreiben. In seiner Stärke, in seiner Menschlichkeit hat er sich über das Rennfahren weiter entwickelt. Er hat sich im Rennfahren selbst entdeckt und gefunden, er hat entdeckt, wozu er fähig ist, welche Willenskraft er mobilisieren kann, wie er sich nach vor peitschen kann. Dieser Siegeswillen, diese Härte, dieser kompromisslose Einsatz - nicht gegenüber schwächeren Menschen - sondern gegenüber den Starken, das war seine Größe. Er ist nie den Weg des geringsten Widerstandes gegangen, sondern den Weg des größten Widerstandes. Was ihn am meisten störte, war Ungerechtigkeit. Er hat selbst immer gesagt, ich bin nicht perfekt, ich mache Fehler. Wenn es hart auf hart ging, hat er sie nicht eingestanden. Aber wenn er tiefer nachgedacht hat, sagte er ok, ich muss mich auch verbessern, nicht nur im technischen, sondern auch im menschlichen Bereich. Dieses Verständnis für die Techniker war unglaublich, er war ein Computer, mit einer speziellen Software. Wie schnell bei ihm diese Biochemischen Prozesse im Gehirn abliefen, war enorm. Wenn wir abends Therapie machten, habe ich gemerkt, was alles extrem schnell durch seinen Kopf ging. Jede Einzelheit hat er aus allen Perspektiven nochmals überdacht und zu Ende gedacht. Jedes Detail war bei ihm abrufbar. In seinem Selbstbewusstsein, in seinem Selbstvertrauen ist er immer stärker geworden. Diese Stärke, dieses Selbstwertgefühl, war ihm wichtig. Diese Schwingungen, dieses Gefühl hat er auch nach außen getragen. Viele hielten ihn für verrückt, weil er Dinge verlangt hat, die unmöglich schienen. Er hat unglaubliche Sachen bewegt. Er war ein Individualist mit einem grenzenlosen Ehrgeiz. Er war egoistisch. Dieses brennende Verlangen, immer gewinnen zu wollen, hat er in sich entdeckt und diese Triebfeder hat er quasi weiterentwickelt. Er konnte von einem gnadenlosen Durchsetzungsvermögen auf extrem menschliches Verhalten umschalten. Er wollte sich dafür aber nie rechtfertigen. Seine Privatsphäre war ihm heilig. Er war sehr sensibel, deshalb hat er viele Menschen auf Distanz gehalten. Er wollte niemand an sich ranlassen. Wenn man ihm nahe war, und viel näher als ich ihm war, kann man eigentlich nicht kommen, versteht man den Menschen erst richtig.»

Du bist mit ihm von McLaren zu Williams übersiedelt...

Leberer: «Bei Williams ist es im Endeffekt nicht so gelaufen, wie man es angenommen hat. Man hatte ja prophezeit, Williams und Senna, das wird die unschlagbare Kombination schlechthin. Ich hatte das Gefühl, dass Ayrton nach dem zweiten Rennen gar nicht so unglücklich war, denn er sagte sich, so, jetzt werden wir es den anderen zeigen und er sah eine neue Herausforderung auf sich zukommen.»

Wie ist dir dieses letzte Wochenende in Imola in Erinnerung?

Leberer: «Dieses Wochenende werde ich nie vergessen. Es begann mit dem Unfall von Barrichello, und dann am Samstag starb Roland Ratzenberger. Ayrton ist

Imola 1994: Ayrton Sennas letzte Sekunden, dahinter Michael Schumacher (Benetton) und Gerhar
Berger (Ferrari)

SSIMI
Agip

rausgefahren zum Unfallort und dort hat man ihn weggejagt. So zornig wie damals, habe ich ihn vorher nie erlebt. Er kam zurück und bebt - mir wollen sie was über Sicherheit erklären - kochte er. Seine Rennfahrer-Kollegen waren ihm wichtig, auch wenn das nicht so rüberkam. Wir hatten an diesem Imola-Samstag vor, meinen Geburtstag zu feiern, der Willy Dungl war auch nach Imola gekommen. Wir haben uns zwar alle getroffen, aber es war ein seltsames Abendessen in einer sehr gedrückten Stimmung. Ayrton hat sich mit Willy Dungl eingehend unterhalten. Inzwischen ist auch der Willy gestorben. Ich möchte nichts hineininterpretieren, aber dem Ayrton sind an diesem Abend viele ernste Gedanken durch den Kopf gegangen, es war eine unheimliche Stimmung. Normalerweise machten wir am Tag vor einem Rennen immer unsere Therapien. An diesem Abend sagte er zu mir, geh' schlafen, heute machen wir nichts. Normalerweise war ich bei ihm im Zimmer, bei der Therapie konnte er sich wunderbar entspannen, er konnte sich fallen lassen. An diesem Abend aber machten wir nichts.»

Wo hast du den Unfall erlebt?

Leberer: «In der Williams-Box am Fernseher. Zuerst gab es diese Abbrüche, das war schon entnervend. Ich stand wie immer bei Ayrtons Auto. Er war sehr ernst. Ich sah in seine Augen und wusste alles. Sie sagten mir, was er dachte: alles erschien ihm sinnlos. Sein Blick verlor sich in der Ferne. Im Laufe der Zeit verstanden wir uns jenseits aller Worte. Aber ich konnte auch nur so gut sein, wie er es zuließ. Damals am Start war alles sehr eigenartig. Er war irgendwie gar nicht mehr da. Gerhard Berger fuhr damals Ferrari, und als der Lautsprecher seinen Namen nannte und die Tifosi brüllten, huschte ein Lächeln über Ayrtons Mund, er hatte ja noch keinen Helm auf. Das war sein letztes Lächeln. Ich habe das später auch dem Gerhard erzählt.»

Und das nächste Mal als du Ayrton gesehen hast, war er tot ...

Leberer: «Als er in die Mauer fuhr, wusste ich, jetzt ist alles vorbei. Selbst jetzt stellen sich noch meine Haare auf - da schau auf meine Arme - wenn ich darüber rede. Ich wusste: es ist aus, die Seele ist weg. Ich bin dann raus. War dann im Medical Center, da traf ich den Professor Watkins, der den Helm in der Hand hatte. Er ist auf mich zugekommen, hat mir in die Augen geschaut und kein Wort gesagt. Der Leonardo, Ayrtons Bruder, war im Bus beim Bernie. Man hat versucht die Eltern zu erreichen. Ich musste Leonardo betreuen. In der Zwischenzeit wurde das Rennen wieder gestartet. Er wurde ja nicht für tot erklärt. Dann flogen wir mit Leonardo im Hubschrauber ins Krankenhaus nach Bologna. Es hieß zwischendurch, dass Ayrton lebt. Im Krankenhaus kam Prof. Watkins und fragte, ob ich ihn sehen wolle. Ayrton lag an der Herz-Lungenmaschine, der Kopf war offen. Da lag der Körper, von dem ich jede Phase, jeden Muskel kannte, tot vor mir. Es war nicht einfach. Dann kam der Gerhard Berger, er war völlig fertig und wir gingen zusammen nochmals zu Ayrton rein. Gerhard hat mich umarmt. Wir weinten.»

Auf ausdrücklichen Wunsch der Familie, hast du den Ayrton auf dem Flug nach Sao Paulo begleitet ...

Leberer: «Ich bin vom Krankenhaus zurück nach Imola. Dann habe ich noch mitbekommen, wie Schumacher, Larini und Häkkinen sich über ihren Sieg freuen konnten. Auch wenn sie sagten, sie hätten nicht gewusst, dass Senna tot ist, so hatten wir am Vortag einen toten Roland Ratzenberger. Es war nicht angebracht, sich zu freuen. Es hat mich richtig geschockt damals. Ich bin die Nacht auf Montag noch in Imola geblieben. Am nächsten Tag fuhr ich nach Salzburg zurück, wie in Trance. Dann hörte ich von der Familie, dass sie sich wünscht, ich soll den Sarg nach Sao Paulo begleiten. Der Präsident der VARIG musste das OK geben, denn der Pilot wollte nicht, dass die Business-Class geräumt wird, um einen Sarg zu transportieren. Aber zwischen den Koffern im Frachtraum transportiert zu werden, das hätte er sich wohl nicht verdient. Von Paris flogen wir nach Brasilien. Ein paar Bekannte waren dabei. Die heutige Frau von Patrick Head, die Ayrtons Pressesprecherin war, ist an Bord gewesen. Diese Stunden neben dem Sarg, da geht dir viel durch den Kopf. Es war, als wäre jemand von meiner Familie gestorben. Als wir in Brasilien zur Landung ansetzten, ging gerade die Sonne auf. Diese Ankunft kann ich kaum schildern. Das war ein Staatsempfang. Auf den 25 Kilometern vom Flughafen in die Stadt, standen hunderttausende Menschen. Sie standen Spalier, sie standen auf den Dächern und hingen in Bäumen. Ich war im ersten Auto des Konvois dabei, es war eine unvorstellbare, lange Fahrt. Menschen liefen vom Flugplatz weg neben dem Sarg einher. Arm und reich, jung und alt, schwarz und weiß stand Spalier. Die Menschen wussten, was er für die Armen alles gemacht hat, ohne viel darüber zu reden. Irgendwann kam wer auf mich zu, und sagte, die Mutter von Ayrton will mich sehen. Du siehst, ich kriege jetzt noch rote Augen ...»

Was bleibt ist die Erinnerung ...

Leberer: «Ja. Er hat mich einmal um drei Uhr früh von Brasilien in Salzburg angerufen und gesagt, so lange ich Rennen fahre, bleibst du bei mir. Nach seinem Tod habe ich mich gefragt: hat die Formel 1 noch einen Sinn für mich? Ich dachte wirklich ans Aufhören. Ich musste mir überlegen: willst du weitermachen, oder zurück zu Willy Dungl gehen und acht Stunden am Tag Therapie machen? Ich fiel in ein tiefes Loch und habe das auch gegenüber Ayrtons Eltern zum Ausdruck gebracht. Aber die Eltern sagten, sie würden sich wünschen, wenn ich dabei bleiben würde. Ich sagte mir, vielleicht haben sie Recht, ich muss es verarbeiten und das habe ich getan. Ich bin heute noch in der Formel 1. Und bin froh darüber.

Ayrton Senna auf McLaren 1987 in Monaco

14

Das Blaulicht-Auto

Ein letztes Mal Senna, diesmal zum Schmunzeln. Der Streit, der nach dem Japan-Grand Prix 1993 zwischen Ayrton und Eddie Irvine entbrannte, erinnert uns an die Sprechblasen eines Comic-Heftes

Es begann damit, dass Ayrton Senna nicht wusste, wie dieser Eddie Irvine, der bei Jordan in Suzuka seinen ersten Grand Prix fuhr, aussah. Als Senna am Abend die Hütte des Jordan-Teams betrat, sah er sich zunächst einmal um. Eddie Irvine, auf einem Tisch sitzend, ahnte sofort, dass der hohe Besuch nur ihm gelten konnte.

Er hob die Hand und rief: «Ich bin Irvine ...»

Senna baute sich vor ihm auf: «Was bildest du dir eigentlich ein ...»

Irvine: «Ich fuhr ein Rennen.»

Senna: «So, das ist für dich also Racing? Weißt du eigentlich, dass du den Leader vorbeilassen musst, wenn du hinten bist?»

Irvine: «Wenn du schnell genug bist, wär's kein Problem ...»

Senna: «Ich hab' dich überholt. Du bist zweimal am selben Platz ausgeritten wie ein verdammter Idiot, weil Öl war, und du hast mir drei Runden lang Steine und Dreck nachgeschmissen. Und als ich dich überholte, hast du kapiert, dass ich längst vor dir lag, aber ich lag hinter Hill, weil ich auf Slicks war. Du hättest hinter mir bleiben müssen, denn Hill war in Schwierigkeiten, du aber bist mit vollem Risiko gefahren, um mich rauszuhauen.»

Irvine: «Ich habe dich nicht gefährdet ...»

Senna: «Was? Du hast mich nicht gefährdet?»

Irvine: «Ein Zoll genügt genau wie eine Meile ...»

Senna: «Wenn du dich im nächsten Rennen nicht zusammenreißt, werden es dir die Sport-Kommissäre beibringen, ich garantiere dir das.»

Irvine: «Die Kommissäre sagten, es war kein Problem ...»

Senna: «Warte bis Adelaide ...»

Dann wurden die Stimmen lauter. Senna hatte zwei McLaren-Leute mitgebracht, und auch die Jordan-Crew war in der Kabine versammelt. Die Spannung stieg.

Senna: «Du hast den Leader vorbeizulassen ... du hast den Hill vor mir dreimal fast berührt, ich hab`s gesehen und fast hätte ich euch beide mitgerissen, so geht das nicht ...»

Irvine (aufreizend): «Ich fahre Rennen ...»

Senna: «Das hat mit Racing nichts zu tun, du bist ein verdammter Idiot.»

Irvine: «Du warst am falschen Platz zur falschen Zeit.»

Senna (bereits in Rage): «So, ich war am falschen Platz zur falschen Zeit ...»

Irvine: «Sicher, ich kämpfte mit Hill»

Senna: «Wirklich? Sag mir eins, wer hat das Vorrecht, du oder der Leader des Rennens?»

Irvine: «Der Leader.»

Senna (brüllend): «Und was hast du getan?»

Irvine: «Du warst zu langsam, so musste ich dich überholen.»

Senna: «Und wie konnte ich dich überrunden?»

Irvine: «Wegen des Regens. Auf Slicks warst du schneller, auf Regenreifen warst du langsamer als ich.»

Senna: «Was? Wie hätte ich dich auf Regenreifen dann überholt?»

Irvine: «Huh-das weiß ich nicht.»

Senna: «Weil du nicht fähig bist zum Erinnern ...»

Irvine: «Das glaubst du. Ich werde mich vorsehen ...»

Senna: «Auch die anderen werden dich im Auge behalten, darauf kannst du wetten.»

Irvine: «Das ist gut.»

Senna: «Wart` auf Adelaide, wart' nur ...»

Irvine: «Dann seh` ich dich dort ...»

Worauf Senna den Irvine vom Tisch stieß, bevor ihn einige Leute aus der Kabine zerrten.

Eddie Irvine hatte sich gleich in seinem ersten Grand Prix mit dem Gott persönlich angelegt. Er wusste noch nicht, dass in der Formel 1 quasi Überholverbot herrscht.

Und ein Senna mit dem Status eines Blaulicht-Autos überall Vorfahrt hat.

Familienmensch Mansell mit Gattin Rosanne

15

Erinnerungen an Nigel

1995 fuhr Nigel Mansell in Spanien sein letztes Formel 1 Rennen. Offiziell hat er seine Karriere bis heute nicht beendet.

Ich erinnere mich noch genau. Wir sitzen in Monaco im Williams Motorhome, es ist früh am Morgen, aus der Direktionsetage ist noch niemand da. Wir sehen uns die furchtbaren Bilder von Nelson Piquets Indianapolis-Unfall an. Eine Einstellung zeigt, wie Piquets Kopf fast die Betonmauer berührt, weil der Vorderteil des Autos nicht mehr existiert.
Nigel schüttelt den Kopf. Dann sagt er - und es klingt wie ein Schwur: «Ich versichere Dir eines, Indianapolis werde ich mir sicher niemals antun...»
Der Schwur wurde gebrochen.
Ab 19.September 1993 war er nicht nur neuer Indy-Car Champion, sondern sieben weitere Tage auch noch regierender Formel 1-Weltmeister.
Und fast hätte er auch noch das Indy-500 gewonnen. Aber einmal schoss er beim Tankstopp an seiner Box vorbei, und die Taktik nach Gelblicht-Phasen war ihm auch noch nicht geläufig. Aber er fuhr, wie man es in der Formel 1

von ihm kannte, immer mit dem Kopf durch die Wand. In Indy hat er sie Gott sei Dank nur mit dem Hinterrad angekratzt, zum Glück ungestraft.
Nigel kommt mir vor wie Don Quichotte.
Er kämpfte ewig gegen Windmühlen. Er wälzte wie Sisyphus einen Stein, er lief und lief und trat auf der Stelle. Was andere mit der linken Hand erledigten, wurde bei ihm zum Problem.
Nigels Wege waren immer steinig. Ohne zu stolpern, wäre er überhaupt nicht vorwärts gekommen. Und mit jedem Stolpern kamen neue Blessuren, immer neue Feindbilder hinzu.
Wenn 150.000 Menschen wegen ihm nach Silverstone pilgerten, ganz England während des Grand Prix-Wochenendes von der Mansell-Mania befallen war, so hieß das noch lange nicht, dass auch er im siebenten Himmel schwebte.
Er ist wie die Prinzessin, die unter zehn Matratzen noch eine Erbse spürt. Er will geliebt werden. Er hat Charisma. In seiner größten Zeit hat er uns suggeriert, was wir selbst gerne wären: ein Aufsteiger aus der untersten Lade zum Millionär, der treusorgende Familienvater, der seine Kinder am Schoß wippt, bevor er ins Cockpit verdunstet, dann die Lichter der Güte abdreht, und Senna, Prost oder Berger attackiert, dass die Funken fliegen.
Er musste sich alles erkämpfen. Er arbeitete nach seinem Ingenieur-Diplom bei Lucas, aber da er Rennen fahren wollte, stieg er aus diesem Ganztagsjob aus. Er war Fensterputzer und Tankwart und die Geschichte, dass er sein Haus verkaufte, um sich vier Rennen für March leisten zu können, ist die nackte Wahrheit.
Doch March kassierte sein Geld und gab ihm eine Kohlenkiste von Auto. Die Mechaniker reisten um sein Geld per Flugzeug an, Nigel im Campingbus. Die Mechaniker wohnten im Nobelhotel, er schlief im Bus und schlich sich zum Duschen ins Hotel.
Auf seinen ersten Grand Prix-Sieg musste er 71 Rennen lang warten, bis zum Grand Prix von England, 1985 in Brands Hatch.
Jahrelang hat man ihn nicht ernst genommen. Mario Andretti charakterisierte ihn mit vier Worten: «Viel Mut, wenig Hirn»
An Nigel fand sogar ein Piquet seinen Meister.
Nigels beste Feinde waren zwei Brasilianer, der eine hieß Piquet, der andere Senna.
Einmal fuhr ich mit ihm von der Jacarepagua Rennstrecke nach Rio zurück ins Hotel. Wie es der Teufel haben wollte, liefen wir bei einem anderen Mietwagen auf, den Alain Prost chauffierte. Neben ihm sein Freund Laffite (damals waren sie noch Freunde, später hat ihm Prost die Frau ausgespannt ...)
Nigel zog auf gleiche Höhe, man winkte sich zu, die Ampel sprang auf Grün. Das Rennen war eröffnet. Plötzlich verstellten uns zwei schwer mit Sand beladene Lastwagen den Weg, windschiefe Wracks, Lawinen von Sand streuend, fuhren sie nebeneinander in Straßenmitte ihr Privatrennen. Ein Lkw - Senna duellierte sich mit einem Lkw - Piquet.
Wir hatten etwa 120 drauf, Prost war links hinter uns und man weiß, im dichten Verkehr war er auf der Rennpiste eher ein Weichei, daher zögerte er auch diesmal. Nigel hingegen strömte zwischen den beiden Lastwagen durch, die

gerade im Begriff waren, seitlich näher zusammenzurücken.
Auf meiner Seite fetzte es den Außenspiegel weg. Hinter uns schloss sich der Kanal wie das Rote Meer hinter Moses. Prost sah kein Durchkommen mehr.
Wir rasten dann auf einen Kreisverkehr zu, Prost hatte aufgeholt, er hatte einen Mietwagen der nächsthöheren Preis-Kategorie, damit war er schneller. Im Kreisverkehr liefen wir auf ein mit Blaulicht fahrendes Polizeiauto auf, es war alt und gebrechlich, Nigel nahm es nicht ernst, zumal das Blaulicht schon an war, bevor wir das Polizeiauto zusammenschnitten. Prost kam von außen rein, wir von innen, Ausgangs waren wir beide im quietschenden Drift, die Polizei war so verschreckt, dass sie die Ausfahrt versäumte und eine Zusatzrunde fahren musste.
Der Nachmittagsverkehr hatte auf der Hauptstraße soeben eingesetzt. Nigel fuhr mit 150 Slalom, Prost versuchte auf der Nebenfahrbahn einen Vorstoß. Ich musste Nigel ständig über die Position von Prost informieren.
Plötzlich kroch von rechts aus einer Tankstelle ein Tankwagen in die Nebenfahrbahn, Prost konnte mit einer Vollbremsung gerade noch eine Kollision vermeiden. Laffite zog seine lässig aus dem Fenster baumelnde Hand ins Innere zurück.
Prost kam wieder näher. Er hatte den höheren Topspeed. Als er nur noch ein paar Wagenlängen hinter uns war, retteten uns ein Tunnel und ein Autobus. Nigel stieß zwischen dem Bus und der Tunnelwand durch, ich rechnete fest damit, dass uns dieses Manöver nur noch im paketierten Zustand wie aus der Schrottpresse entlassen würde und zog geistesgegenwärtig den Gurt straff. Mit einem hässlichen Geräusch schabten wir die Tunnelwand entlang, der andere Außenspiegel flog auch weg. Prost musste sich hinter dem Bus anstellen.
Damit waren wir auf dem Weg zum Sieg. Vor dem Intercont war die Ziellinie, wir gewannen mit 15 Sekunden Vorsprung auf Prost. Nigel bekam die höchste Mietwagen-Rechnung seines Lebens, denn das Auto war auf der rechten Seite ein Wrack.
Nach dem Ungarn-Grand Prix im August 1987 und vor dem Österreich-Grand Prix war Nigel mit Kind und Kegel in Wien. Ich quartierte ihn im Marriott-Hotel an der Ringstraße ein und organisierte eine Mercedes-Limousine für ihn zur Weiterfahrt am nächsten Tag zum Österreichring.
Nachmittags war er bei mir zu Hause in Simmering. Er faulenzte im Liegebett in unserem Garten, noch ganz zerschlissen vom Hungaroring, wo Piquet und dessen Renningenieur Frank Dernie ihm einen üblen Streich gespielt hatten. Sie hatten ein neues, besseres Differential für sich abgezweigt...
Meine Kinder spielten mit seinen Kindern jenseits aller Sprachbarrieren. Rosanne Mansell begann dann alle Kinder im Badezimmer zu reinigen und als Nigel die Backhendl roch, die er sich zum Nachtmahl von meiner Frau gewünscht hatte, kam er zum Vorkosten in die Küche.
Ein Mensch wie du und ich.
Es war noch jene Zeit, wo er sich um sein Gewicht keine Sorgen machte, denn Honda hatte immer genügend PS. Hendl, Steaks Pommes Frites und Eisbomben waren seine Grundnahrungsmittel.
Irgendwann suchte ich meinen dreijährigen Xandi - er war weg. Und Nigel

1

2

3

Kollision nach dem Start zum GP von Frankreich 1989 in Paul Ricard: Gugelmin (March) verfehlt den Brem punkt für die erste Kurve, kollidiert mit Boutsens Williams, setzt zu einer Kunstflugshow an und landet a Heckflügel von Mansells Ferrari. Es gab keine Verletzten.

4

MAGNETI
USF&G
FIAT
Marlboro
Agip
CAMEL
25

5

MAGNETI
36
CAMEL
BP

6

MAGNETI
AMBULANCE
BP

Nigel Mansell und Williams: Weltmeister 1992

5
Canon

auch. Nigel hatte ihn auf seine Schultern gesetzt und war mit ihm in den Park gewandert. Seither ist der Nigel für den Xandi der «Super-Mann» seiner Kindheit gewesen, und unsere Kinder waren bei den Rennen immer ein längeres Gesprächsthema als das Untersteuern.

Als er 1995 für zwei Rennen in die Formel 1 zurückkehrte, war Senna bereits ein Jahr tot. McLaren baute für Nigels Körpermasse ein spezielles Monocoque. In Imola wurde sein Teamkollege Mika Häkkinen Fünfter, Nigel Zehnter. Mika war immer schneller gewesen als der Weltmeister von 1992.

In Barcelona stand er am zehnten Startplatz, Mika, nur noch eine Zehntel schneller, am neunten.

Nach 19 Runden stieg Nigel aus: Auto unfahrbar, ich kann nichts einbringen, und ich pfeif drauf, um den zehnten Platz zu kämpfen. Das brauche ich nicht mehr ...»

Nigel sagte McLaren ade, kündigte aber keinen Rücktritt an. Die Jahre vergingen, niemand holte ihn mehr zurück.

Als ich ihn vor Jahren in Belgien traf, wirkte er wie eh und je: nicht überglücklich, aber auch nicht wie einer, dem die Felle davonschwimmen.

Sein Golf-Ressort mit einem neuen Hotel-Komplex floriert, die Kinder sind groß, treiben Sport, fahren heute Rennen, und doch lag ein wenig Wehmut in seinen Erzählungen. Keinen Vertrag mit einem Autohersteller, keine Berater-Verträge.

Aber als er 2006 in der Grand Prix-Masters Serie Galionsfigur spielen durfte, war alles wie früher: Er verblüffte seine mit ihm alt gewordenen Gegner, und er war der Schnellste. Weil er es so wollte.

195

Treffpunkt Ennstal-Classic: v. l. Philipp Peter, Lotus-49-Besitzer Jo Villenpad, Jochen Rindts Mechaniker Eddy Dennis, Emerson Fittibaldi, Helmut Zwickl, Dieter Quester

16

Fossilien der Zeitvernichtung

Jochen Rindts Lotus 49 und Fangios Mercedes-Benz W196 - zu ihrer Zeit Meilensteine der Formel 1-Technik – noch einmal gezündet, gefahren und erlebt.

Wir schreiben das Jahr 1963. Jochen Rindt hatte sich mit seinem Formel Junior Cooper auf der Nürburgring Südschleife überschlagen und jetzt lag er geprellt und zerstört neben mir auf dem Liegesitz eines Opel Kapitän. Ich chauffierte ihn nach Adenau ins Spital und plötzlich murmelte er: «Ich bin nicht geboren zum Rennfahren. Das war heute eine Warnung. Ich hör auf...»
Sieben Jahre später war er Weltmeister. Aber tot war er schon vorher.
2005, Flugplatz Niederöblarn in der Steiermark. Ich versuche mich in das Jahr 1970 zurückzubeamen. Was ganze leicht geht, denn ich sitze im Lotus 49 Rennwagen von Jochen Rindt, trage seinen offenen Bell-Helm in British Racing Green: eine Pappschachtel gegen die heutigen Carbon-Helme. Neben mir kniet ein ergrauter Eddie Dennis, Jochens Mechaniker, bis zur letzten Stunde in Monza.
«Fahr mit 2.500 bis 3000 Touren weg» sagt Joe Willenpart, der Besitzer nicht nur dieses Lotus 49, sondern auch eines Formel 2 Lotus 69 von Rindt, die er im neu

aufgebauten Gold Leaf-Team Lotus Transporter hergebracht hatte, in dem sich einst Jim Clark, Graham Hill, Rindt und Fittipaldi umgezogen haben. Ein fahrbares Museum, einzigartig, unbezahlbar.
Drüben beim Hangar wird soeben der Mercedes-Benz W196 mit Warmlaufkerzen versehen, Fangios Siegerauto aus dem Belgien Grand Prix 1955. Den fahre ich später.
Wie so viele Konstruktionen von Colin Chapman wurde auch der Lotus 49 bei einem Abendessen auf einer Serviette skizziert. Am 14. Juli 1966 existierte die erste Zeichnung und was dann am 4. Juni 1967 in Zandvoort unter Jim Clark und Graham Hill seine Renn-Premiere hatte, und Clark zum Sieg führte, war der erste Formel 1 Rennwagen, dessen Motor (Cosworth DFV) ein tragendes Bauteil war, das die Hinterradaufhängung festhielt. Das gab es vorher noch nie: ein Motor wurde für das Auto, das Auto um den Motor herum gebaut.
Der Lotus 49, der 13 Jahre nach dem Mercedes W196 erschien, sollte die Formel 1 verändern, obwohl er kaum einen Windkanal gesehen hat, wie sich die paar noch lebenden Zeitzeugen erinnern.
Am 9. Juni 1968 debütierte ein Lotus 49 mit Chassisnummer R6 im Belgien GP, Jackie Oliver wurde Fünfter. Es handelte sich um den ersten Lotus 49B. In Zandvoort wurde Oliver Zehnter, in Rouen hatte er einen Horror-Crash im Training, weil der hoch über dem Heck installierte Flügel wie ein Taschenfeitel zusammenklappte. Das Blech-Monocoque war fürs Rennen nicht mehr zu reparieren. In Monza erschien ein neues Chassis mit Nummer R6, doch Graham Hill hatte einen Unfall, weil er ein Rad verlor. Hill fuhr R6 in Canada auf Rang vier, in Watkins Glen wurde er Zweiter und dann gewann er mit R6 den Mexico Grand Prix.
Jochen Rindt unterschrieb für 1969 und 70 einen Lotus-Vertrag.
Die Saison 1969 startete Graham Hill mit diesem Lotus 49B/R6, in dem ich jetzt saß: er wurde Zweiter in Kyalami, Zweiter im Race of Champions von Brands Hatch, Siebenter in der International Trophy von Silverstone. In Barcelona kollabierte nicht nur bei Hill, sondern auch bei Jochen Rindts 49er der Hochflügel. Jochen adressierte daraufhin einen offenen Brief an die FIA: «...wäre ich um 30 cm höher geflogen, wäre ich in den Zuschauern gelandet ... solche Flügel sind zu gefährlich, sie müssen verboten werden.»
Colin Chapman war furios über seinen Fahrer, der verbieten wollte, was Lotus erfunden hatte.
Die zwischenmenschlichen Beziehungen zwischen Jochen und dem Lotus-Boss fielen auf den Tiefpunkt. Einer hasste den anderen.
Ab Zandvoort saß Jochen Rindt in Hills reparierter Chassisnummer R6, er fuhr Pole, doch im Rennen riss die Halbachse. In Clermont Ferrand gab Rindt mit einer Magenverstimmung auf, im Grand Prix von England wurde er von der Pole startend Vierter, am Nürburgring fiel er mit Zündungsdefekt aus, in Monza wurde er Zweiter, in Mosport Dritter und in Watkins Glen gewann Jochen mit R6 seinen ersten Grand Prix. Im letzten Rennen der Saison 1969, in Mexico, schied er mit gebrochener Aufhängung aus.
Mit R6 in der Lotus C Version (schmälere Vorderräder für die neuen 13 Zoll Firestone-Reifen, geänderte Radnabenträger, neue Aufhängung), begann Jochen in Kyalami die Saison 1970. Nach einer Kollision mit Jack Brabham in der Startrun-

de, startete er eine tolle Aufholjagd vom 16. Platz weg bis auf Rang fünf vor, wo ihn jedoch ein Motorschaden eliminierte.
In Brands Hatch (Race of Champions) reichte es zum zweiten Rang und am 10. Mai fuhr er in Monaco das größte Rennen seines Lebens: in der letzten Kurve überholte er Jack Brabham, der sich unter Druck geraten verbremste, und den Rekordrunden fahrenden Rindt zum Sieger machte.
Ich fahre zuerst langsam mit dem Monaco-Siegerauto die Flugplatzpiste rauf und runter um das Hewland-Getriebe auf Temperatur zu bringen. Dann erhöhe ich die Drehzahl. Ab 6000 hat der geniale Konstrukteur Keith Duckworth seinem Jahrhundert-Achtzylinder Power-Gene mitgegeben, die damals jeden Zwölfzylinder beschämten.
Unfassbar, wie die 440 PS anschieben und die Flugpatzpiste fressen. Das Fahren hat nichts Erschreckendes, im Gegenteil, totale Euphorie setzt ein, die Blechröhre passt wie ein Taucheranzug, die Pedale fordern schmale Rennfahrerschuhe, sonst gibt man Gas beim Bremsen.
«Liegen beim Siegen» schrieben wir, als Chapman 1962 den Lotus 25 mit dem revolutionären Blech-Schalenrahmen baute. Auch der 49er ist ein Liegestuhl.
Kuppeln und Schalten mit Zwischengas sind mit dem 5-Ganggetriebe Vorgänge, die höchste Präzision erforderten, Fehlschaltungen gaben dem Gegner damals sofort eine Überholchance. Heutige Computer gesteuerte Schaltungen bieten diese Chancen nicht mehr. Formel 1 Fahren war noch ein Handwerk, heute ist es ein Computerspiel, wie in einem Militär-Jet mit einer ähnlich kritischen Aerodynamik.
Der Lotus ist handlich, die ventilierten Bremsscheiben aus Stahl beißen wie Krokodilszähne zu. Laut Drehzahldiagramm erreiche ich auf der 750 m Landebahn 220 km/h Topspeed, den letzten Zipfel Asphalt reserviere ich mir für die Bremszone und zum Wende-Manöver, in dem sich die Rutschgrenze ausloten lässt.
Lenkung, Sitzschale, Brems-und Gaspedal bieten sich als scharfe Sensoren für die Rutschgrenze an. Lenkrad-Phänomene wie Clark (5 Siege) Hill (4), Rindt (2) und Siffert (1) führten dieses 49er Projektil zwischen 1967 und 1970 zu insgesamt 12 Siegen.
In einem Lotus 49 klopfte jeder Fahrer irgendwann einmal an die Himmelstür, aber gestorben ist keiner.
Jochen verunglückte im Nachfolge-Modell, im Lotus 72, von dem dieser 49er bereits den dreiteiligen Heckflügel übernommen hatte.
Ich stelle den Cosworth ab, seine Motornummer 945 sagt aus, dass er tatsächlich im Monaco-Grand Prix 1970 Dienst tat, wo Jochen ständig 10.000 Touren abgerufen hat.
Die neue 2.4 Liter V8 Motorengeneration, die ab 2006 die Formel 1 mobilisierte, sollte dann 20.000 Touren drehen und 750 PS leisten, diese Reise an die Grenzen der Physik hätte sich vor 38 Jahren nicht einmal Keith Duckworth träumen lassen...
Es ist heiß geworden in der Röhre. Aus Jochens Helm glaube ich wie aus Kopfhörern seine Stimme zu hören, diese nasal klingende, raue Stimme, die eine Sprache produzierte, die selbst im Englischen noch einen Rest von Steirisch erkennen ließ.
Nur langsam streife ich den Mythos Rindt ab als ich hinüber gehe und jenen

Helmut Zwickl im Lotus 49 von Jochen Rindt ...

EAF
3
OTUS

… und im Mercedes Grand Prix-Wagen von Sir Sterling Moss

Mercedes-Silberpfeil besteige, mit dem Juan-Manuel Fangio 1955 den Grand Prix von Belgien gewonnen hat. Der Argentinier wurde in dieser Saison zum dritten Mal Weltmeister.

1955, das war das Jahr, in dem Österreich seinen Staatsvertrag bekam. «Rock around the Clock» der große Hit wurde, James Dean in seinem Porsche Spyder verunglückte. Und in Österreich gab es erstmals Fernsehen.

Mit gekrätschen Beinen rutscht man ins Cockpit, man sitzt aufrecht und bequem wie in einem Club-Sessel. Grosses Holzlenkrad, ein Drehzahlmesser so groß wie eine Kirchturmuhr. Die Mechaniker der Mercedes-Classic Werkstatt schieben mich im zweiten Gang an. «Jetzt» schreit einer, ich lass die Kupplung aus und der Motor zündet mit einem Kanonenschuss.

Was für ein Motor!

Er sprengt alle akustischen Dimensionen. Im langen Bug auf die Seite gekippt, macht sich dieser 2.5 Liter Achtzylinder wie ein riesiger Schiffsmotor breit.

Chapman skizzierte den Lotus 49 auf einer Serviette, der Motoren-Ingenieur Hans Gassmann hatte im Mai 1952 in der Stuttgarter Straßenbahn einen Geistesblitz. Er kritzelte auf einen Zettel das Prinzip einer Zwangsventilsteuerung, bei der die Ventile nicht durch eine Feder, sondern durch eine Nocke geschlossen werden. Das brachte hohe Drehzahlen und Standfestigkeit.

Wenn dieser Mercedes und Lotus gegen die heutigen Formel 1 Autos bereits wie Fossilien anmuten, so markierten sie zu ihrer Zeit die Spitze des Machbaren, was die Zeitvernichtung auf den Grand Prix Pisten betraf.

Der Mercedes hatte Direkt-Einspritzung, das Kurbelgehäuse war aus Magnesium, die Karosse aus Magnesiumblech. Durch Umlegen eines Hebels konnte man bei Halbzeit eines Rennens den negativen Sturz der Hinterräder wieder auf den optimalen Wert wie unter voller Belastung hintrimmen.

Erreichen die heutigen Formel 1 dank ihrer Aerodynamik in Kurven Querbeschleunigungen bis zu 5g, so wurden anno 1955 für den W196 1g gemessen: man ist tatsächlich sehr bald an der Rutschgrenze, wie ich beim Wenden am Ende der Landebahn merke.

290 PS bei 8.500 U/min. betrug die Leistung in der Saison 1955. 40 Sekunden waren Drehzahlen von 8.500 Touren erlaubt, 4 Sekunden lang sogar 9.600. Diese Drehzahlen, diese Reserven, hatten die Gegner damals nicht.

Wenn der niedliche V8-Cosworth des Lotus 49 zuerst gurgelt, dann blechernes Gift an die Trommelfelle schickt, oben hinaus immer lauter und aggressiver röhrt, so ist der Sound des Mercedes-Achtzylinders mit Nichts in der Welt zu vergleichen.

Seine Explosionen erzeugen Angst und Ergriffenheit, das Kraftstoff-Gemisch aus 110 oktanigem Benzin und Methanol, in dem früher auch noch 45% Benzol, 2% Nitro-Benzol und 3% Azeton dazugemischt waren, baut über dem Cockpit eine beißende Duftglocke auf.

Bis 5000 Touren buhlt das Hammerwerk noch um Freundschaft, aber zwischen 5000 und 7000 wird es gewalttätig. Die 5-Gang Kulissenschaltung mit dem abnormalen Schema, ein Meisterwerk schwäbischer Mechanik, verlangt vollste Konzentration, ohne den Blick nach unten, geht gar nichts. Die innenliegenden Trommelbremsen scheinen im Vergleich zu den Scheibenbremsen des Lotus 49 wirkungslos - sie über eine Grand Prix Distanz zu treten, muss für Fangio und Moss ein unglaublicher Kraftakt gewesen sein. Im Vergleich zu heutigen

Formel 1 Autos scheinen die Bremswege nur unwesentlich kürzer als jene des Arlberg-Express ...
Einen Tag vorher ist Emerson Fittipaldi den Lotus 49 und Sir Stirling Moss den Mercedes im Nostalgie-Grand Prix von Gröbming gefahren, im Rahmen der Ennstal-Classic.
Stirling erinnerte sich an den W196, mit dem er 1955 in Aintree seinen ersten Grand Prix-Sieg feierte: «Man musste sich höllisch konzentrieren. Ob im Regen oder Trockenen, das Auto war schwierig, fühlte sich als großes Auto an, mit einem Wort sehr teutonisch, es nötigte mir Respekt ab, und ich konnte nie jene Zuneigung aufbringen, die ich – sagen wir – für meinen Maserati 250F empfand, obwohl der W196 das hochwertigere Auto war ...»
Emerson Fittipaldi erzählte mir, als er bei der Ennstal-Classic unser Stargast war, folgende Story: «Am Beginn des Jahres 1970 zogen wir in die Schweiz, Jochen und Jackie Stewart zeigten uns die richtigen Plätze. Im Juli hatte ich meinen ersten Formel 1 Test in Silverstone. Colin Chapman bat Jochen, er solle mit dem Lotus 49 einige Runden drehen, was Jochen verärgert hat, denn er wollte nur mehr den Lotus 72 fahren. Nach einigen Runden kam Jochen an die Box und sagte, das Auto ist o.k., Emerson kann fahren. Ich fuhr dann einige Runden, und als ich wieder an der Box stand, sagte ich zu Chapman, der Wagen untersteuert. Jochen hörte zu, beugte sich zu mir ins Cockpit runter und flüsterte: ich weiß, wie du das Untersteuern stoppen kannst, benütz` deinen rechten Fuß. Jochen verriet mir alle Tricks und er signalisierte mir dann meine Rundenzeiten. Ich hielt mich an seine Ratschläge, was ihn sehr enthusiastisch stimmte. Jochen hat mich protegiert.»
Am Morgen des 5. September 1970, der Tag an dem Rindt in Monza verunglückte, saß Fittipaldi mit ihm beim Frühstück.
Erinnert sich «Fitti»: «Jochen lud mich ein, 1971 für sein Formel 2-Team zu fahren, das er zusammen mit Bernie Ecclestone besaß. Er wollte 1971 keine Formel 2 Rennen mehr fahren und ich sollte der Team-Leader werden. Wir besiegelten den Pakt per Handschlag. Stunden später war Jochen tot.»
Wenige Wochen später gewann Emerson Fittipaldi auf Lotus den Grand Prix der USA in Watkins Glen und sicherte damit für Jochen Rindt posthum den WM-Titel. Rindt und Chapman leben nicht mehr, Maurice Phillippe, der den Lotus 49 und 72 konstruierte, beging Selbstmord, Fangio starb 1995 im Alter von 84 Jahren.

Was blieb, sind ihre Rennautos und die Erinnerung an ihre große Zeit.

Bernie Eclestone mit einer brasilianischen Tänzerin

17

Bernie

Unter all den Stars der Formel 1, die im Laufe der Jahrzehnte kamen und gingen, ist er der Fixstern um den sich alles dreht.

Bernie Ecclestone ist ein Gambler. Sein Leben besteht aus Dealen und Spielen. Und Dealen heißt für ihn gewinnen. Und er gewinnt fast immer. Geld ist für ihn «ein Barometer, es drückt aus, ob es ein gutes oder ein schlechtes Geschäft war.»
Auch wenn er medienscheu wie Greta Garbo ist, und Transparenz hasst wie der Teufel das Weihwasser, ist das, was man über ihn weiß, spannender als jede Rennfahrer-Biographie, und das, was man nicht weiß, wäre noch viel spannender.
Zum Beispiel geht die Sage, dass Bernie 1958 die Qualifikation zum Monaco-Grand Prix nicht schaffte, worauf er einen anderen Fahrer mit seinem Helm in seinen Connaught-Rennwagen setzte.
Beim Monaco-Grand Prix 2006 fragte ich Bernie ob diese Story wahr sei.
«Eine wahre Geschichte» grinste er mich an, «Stirling Moss probierte mein Auto zu qualifizieren, aber es ist ihm auch nicht geglückt ...»

Was er damals inszenierte gibt einem Ecclestone-Porträt eine gewisse Authentizität, auch wenn der Monaco-Trick relativ harmlos war, im Gegensatz zu jenen Schachzügen, mit denen Bernie ab den 70er Jahren die Kommandobrücke der Formel 1 übernahm um einen kaum seetüchtigen Ausflugs-Dampfer zu einem Flugzeugträger der Unterhaltungsbranche hochzufahren, bei dem unter Deck pausenlos eine Gelddruckmaschine läuft.
Bernie hat die Lizenz zum Geldrucken.
Geboren am 23.10.1930 in einem East Suffolk Nest namens St. Peter South Elmham als Bernard Charles Ecclestone, der Vater ein Fischer, der von September bis Dezember auf Heringfang unterwegs war, setzte er sich in frühester Jugend das Ziel «mein eigenes Geld zu machen.»
Als er 1946 die Schule verließ, arbeitete er als Laborant bei einer Gas-Gesellschaft, bevor er in den Motorrad-und Autohandel einstieg, Kredit-Büros eröffnete und mit Immobilien zu handeln begann. Die Geschäfte florierten. Wäre er ein Boxer gewesen, könnte man sagen, alle seine Gegner hat er stets zu Sparringpartner degradiert.
Ernie Hubbert, der in den 80er Jahren Bernies Statthalter am Österreichring war, und im Nachkriegs-London die erste Bekanntschaft mit ihm machte, erinnerte sich: «Bernie handelte mit Waren aller Art, am liebsten mit Autos. In der Warren-Street nannte man ihn den kleinen Zwerg, seine Geschäfte erledigte er im Gehen. Bernie spazierte an einem Ende des Gebrauchtwagen-Marktes hinein, kaufte um 15 Pfund einen alten Kübel, den er am Ende der Straße für 30 Pfund wieder verkaufte.»
Die Warren-Street war aber nicht seine Welt, sie roch nach Rost und zu sehr nach armen Leuten, so dass er sehr bald im Londoner Crockfords Club verkehrte, wo feine Lords beim Bakkarat stilvoll ihr Vermögen reduzierten.
«Bernie hielt die Bank» erzählte Hubbert, «Geld war schon damals für ihn ein Stoff, den er auf wunderbare Weise vermehren konnte.»
Bernie freundete sich mit dem Britischen Rennfahrertalent Stuart-Lewis Evans an und wurde sein Manager als Stuart für das Vanwall-Team verpfichtet wurde. Im Grand Prix von Casablanca am 19.Oktober 1958 hatte Evans einen furchtbaren Feuer-Unfall, an dessen Folgen er Tage später in einer Londoner Klinik starb. Sein Tod ging Bernie sehr nahe und er vermied es lange Jahre mit einem Rennfahrer Freundschaft zu schließen.
1968, als Jochen Rindt für Brabham fuhr, lernte Bernie den Österreicher kennen und aus einer Back Gammon-Beziehung wurde eine Freundschaft mit Business-Hintergrund.
Bernie hatte mit Colin Chapman für Jochen den Lotus-Vertrag ausgehandelt: «Ich sagte zu Jochen, Lotus bedeutet viel Risiko, aber du kannst dort Weltmeister werden. Bleibst Du weiter bei Brabham hast du weniger Risiko, aber keinen Titel. Die 42.000 Pfund, die ich bei Lotus für Jochen aushandelte, waren viel Geld damals.»
1970 gründete Bernie mit ihm das «Jochen Rindt Racing Team».
Als Jochen in Monza verunglückte, sehe ich heute noch Bernie vor mir, wie er den blutbefleckten Helm in der Hand hielt und damit hinter den Boxen verschwand.
Anfang der 70er Jahre gab es zwar schon die Formula One Constructors

Association, damals noch F1CA genannt, die sich um Transportkosten kümmerte, und mit den Veranstaltern und der Grand Prix Driver Association kooperierte, aber es war Bernie, der 1972 in einem Meeting während des Südafrika Grand Prix den Teams ein neues, günstigeres Transportkosten Paket offerierte, das prompt angenommen wurde. Der nächste Schritt von ihm war, dass er den Teams anbot, er würde höhere Startgelder mit den Veranstaltern aushandeln.
Er verpasste der Formel 1 ein Preisgeldschema nach dem Leistungsprinzip, und die Formula One Constructors Association (FOCA) wurde die Gewerkschaft der Rennställe und als solche die tragende Säule des Formel 1-Zirkus.
Mitte der 70er Jahre sahen sich die Veranstalter der Formel 1 Grand Prix mit einer dramatischen Kostensteigerung konfrontiert. Bernie machte die Formel 1-Packung um 60% teurer und er schloss nur noch Verträge auf drei Jahre ab. Nun begann ein jahrelanger Disput zwischen den Rennstrecken-Betreibern und Bernie. Als die Veranstalter den Preisgeldtopf, den Bernie immer teurer machte, nicht mehr finanzieren konnten, nahm er den Veranstaltern alles ab: nur das Risiko durften sie behalten, denn Bernie trat selbst als Promotor auf. Das ständige Anheben der Eintrittspreise wischte er in all den Jahren, wo sein Imperium wuchs, mit dem Argument vom Tisch: «Wer Frank Sinatra live erleben will, zahlt auch 100 Dollar mehr ...»
Seine Stars betrachtete er als seine Marionetten. Niki Lauda erinnert sich: «Als ich 1978 für Bernies Brabham-Team gefahren bin, hat er mich überall angeschwärzt, damit ich nirgendwo sonst fahren kann, und mit meinen Gagenforderungen am Boden bleib»
Lauda verlor 1979 tatsächlich die Freude. Mitten in einem Training zum Canada-Grand Prix nahm er den Sturzhelm mit den Worten ab «Ich hab für das Kreisfahren keine Motivation mehr.»
Bernie, damals Besitzer des Brabham-Team, das er 1971 gekauft hatte, blieb ungerührt, ja er simulierte sogar Verständnis: «Ich werde es einmal genauso machen wie du, ich werde von einem Tag auf den anderen Schluss machen.»
Lauda ging. Lauda feierte ein Comeback, wurde im Jahre 1984 zum dritten Mal Weltmeister, aber der Bernie war immer noch am Ruder. Mächtiger und reicher denn je.
Seine Verträge handelt er stets aus der Position des Stärkeren aus, seinem Verhandlungsstil ist niemand gewachsen. In seinem überragenden Gedächtnis hat er alle Zahlen gespeichert, er hat alle Verträge im Kopf, nie schreibt er sich etwas auf, in seinem Motorhome wird man kein Blatt Papier finden. Er spricht nur Englisch und erwartet auch, dass seine Gegenüber Englisch sprechen. Er pflegt sehr leise zu reden, aber er kann toben, dass die Fenster klirren. Den Originalton habe ich noch im Ohr, als er einmal in das Verwaltungsbüro des Österreichringes platzte und seine Statthalter niedermachte, dass die Fertigteil-Baracke aus dem Leim ging. Aber so schnell er die Wände hochgeht, so schnell ist er wieder am Boden, er nützt die allgemeine Furcht sofort aus, um mit leiser Stimme weiterzureden.
Den Brabham-Rennstall hat er verkauft, obwohl er 1981 und 1983 mit Nelson Piquet Weltmeister wurde. Begründung: «Brabham war für mich kein Geschäft.»

Bernie Ecclestone und Ayrton Senna: Businessgenie trifft Fahrgenie

SENNA

FIA-Präsident Max Mosley mit Gerhard Berger

Ferrari
AKG C747

Bernie und einer seiner größten Hauptdarsteller: Niki Lauda

arexons
digital

Wie gnadenlos er sein kann, musste BMW in der Ehe mit Brabham erfahren. Als die Münchner einmal ihr Mechaniker-Team um einen Mann aufstocken wollten, rückte Bernie kein zusätzliches Ticket raus. Die BMW-Crew musste ihren Mann im Kofferraum eines Autos ins Fahrerlager schmuggeln...

Als Nigel Mansell einst in Adelaide für seinen Schwager Fahrerlagerkarten ausfassen wollte, hat ihm Bernie keine gegeben.

Sein Aufstieg zum Formel 1 Zampano wurde Anfang der 80er Jahre durch den streitbaren Franzosen Jean-Marie Balestre etwas eingebremst, dessen Hauptnahrungsmittel aus Macht bestand. Balestre war Präsident der FIA und der FISA, des Internationalen Automobilsportverbandes, und es war ihm ein Dorn im Auge, dass Bernie und seine FOCA so mächtig waren und sich das größte Stück vom Kuchen in den Mund steckten.

Es entstand ein Krieg, der die Formel 1 an den Rand des Ruins führte.

Bernie wollte sich sogar mit seinem Verein von der Sporthoheit in Paris lossprengen, und eine eigene «wilde» Sporthoheit gründen, zusammen mit Max Mosley. Ihre «World Federation of Motor-Sport» war als Gegen-FIA gedacht, 1981 sollte unter ihrer Fahne eine WM der «Professional Drivers» gefahren werden, mit einem Preisgeld von 10 Millionen Dollar, die heute wie ein schlechter Witz anmuten.

Jedoch die großen Werke wie Ferrari, Renault und Alfa Romeo schlugen sich auf die Seite von Balestres FIA.

Bernie, von dem Colin Chapman einmal sagte, er gehe «drei Schritte vor, dann einen zurück und ist dann immer noch zwei voran» war letztlich clever genug, sich in diesem Machtkampf, der nicht zu gewinnen war, mit seinem Erzfeind Balestre zu verbünden.

Das Bündnis hielt überraschend lange, dank eines Dokuments, das auch Bernie mitverfasst hatte: Das Concorde Agreement.

In diesem 110 Seiten-Papier, das am 4. März 1981 den Krieg zwischen Ecclestones FOCA und der Sporthoheit in Paris beendete, wurde das sportliche und kommerzielle Zusammenleben von FIA und FISA mit der FOCA und den Werken bis 1987 festgelegt und – was das Allerwichtigste war – die Verteilung des Geldes neu aufgeschlüsselt.

Das Dokument war ein Geheimpapier, geheimer als die Daten sowjetischer Atom-U-Boote. Wer es hinterfragte, wurde von Bernie gereizt angeschnauzt: «Ich frage Sie auch nicht nach Ihrer Steuererklärung.»

Bernie war der Garant dafür, dass es jahrzehntelang in der Formel 1 keine Transparenz gab und das Täuschen und Tarnen zum Tagesgeschäft gehörte. Jackie Stewart sagte einmal: «Die Formel 1 ist ein Geheimbund.»

Wegen des großen Erfolges wurde das Concorde Abkommen von 1987 bis 1991 und dann bis 1995 verlängert. In der ersten Ausgabe, soviel sickerte damals durch, bekam die FISA 30 % der TV-Gelder, 46 % standen den Rennställen zu, 24% genehmigte sich Bernie, der im März 1988 zum FISA-Vizepräsident für «promotional affairs» ernannt wurde.

Ab Jänner 1991 verhandelte Bernie mit seiner Firma «Formula One Promotions and Administration Ltd» für die FOCA alle TV-Verträge.

Zehn Jahre lang hatte Bernie zugeschaut, wie Jean-Marie Balestre auf der Kommandobrücke des Automobilsports seinen Napoleon-Komplex auslebte,

sich wichtig machte, und mit diktatorischen Entscheidungen für Aufregung sorgte. Je mehr sich Balestre vor dem Vorhang drängte, desto mehr agierte Bernie hinter den Kulissen um die totale Vermarktung der Formel 1 weiter zu treiben.
Eines Tages war Bernie stark genug, um den alternden Balestre samt seinem Herzschrittmacher zum Abschuss freizugeben.
Dank dem Lobbying von Bernie, wurde der strategisch so wichtige Posten des FISA-Präsidenten im Oktober 1991 mit seinem Weggefährten, dem Rechtsanwalt Max Mosley, besetzt, im Juni 1993 wurde Mosley zum FIA-Präsidenten gewählt.
So toll das Concorde-Abkommen am Papier war, denn es gab der Grand Prix-Liga Stabilität, so sehr wurde es im Laufe der Jahre zu einer Belastung. Da alle Beschlüsse nur einstimmig gefasst werden konnten, driftete die Formel 1 vom Reglement her, damit auch sportlich, zusehends in die totale Erstarrung. Nichts ging mehr, längst notwendige Reglement-Korrekturen wurden politisch blockiert.
Max und Bernie, Bernie und Max: was den beiden 1981 noch als Piraterie ausgelegt worden war, hatten sie nun völlig legal erreicht. Mit ihrem Doppel-Pass Spiel steuern sie heute die Formel 1.
Im März 1997 enthüllte die «Sunday Times» Bernies Plan, die Formula One Holdings (FOH) an die Börse zu bringen. Man erhoffte bis zu 2.5 Milliarden Pfund zu lukrieren. Die Rennteams waren sofort auf den Barrikaden, denn sie sagten, die Formel 1 gehört uns allen, nicht dem Bernie allein.
Was die Formel 1 auf Jahre hinaus zu einer Gelddruckmaschine macht, sind rund 70 TV-Verträge mit 94 Länder, die nur einer so völlig überzogen aushandeln konnte, in dem er die TV-Gesellschaften gegeneinander ausspielte: Bernie.
Nie gab es im Ecclestone-Reich wirklich Friede.
Nach jahrelangem Streit einigten sich alle Teams im Mai 1998 auf ein neues Concorde-Abkommen, das bis 2007 gültig ist.
Als die EU Wettbewerbskommission begann, Bernies verschachteltes Imperium und das Zusammenspiel mit der FIA zu untersuchen, dürfte das mit ein Grund gewesen sein, den geplanten Börsegang abzublasen.
Im Mai 1999 freilich holte sich Bernie 1.4 Milliarden Dollar aus einer Euro-Bond Anleihe. Damit hatte er bis Dezember 2004 auf seinem Spieltisch soviel Jetons angehäuft, dass er mit Banken, EM-TV, der Kirch-Gruppe und Investment-Häusern und seinem ständig Namen wechselnden Firmen-Geflecht, ziemlich cool herumdealen konnte.
Als er im Dezember 2004 gegen drei Banken einen bis zum Höchstgericht getragenen Prozess verlor, machte das «F1 Business-Magazin» die Titelgeschichte: «Ecclestone: The long goodbye, Why the magic has gone»
Aber: der Zauber des damals bereits 74jährigen Weißkopfs war nur vorübergehend in Frage gestellt. Die jahrelange Drohung der Autowerke, eine eigene Formel 1-Serie auf die Beine zu stellen, nahm er nie wirklich ernst, selbst als Leute wie Ferrari Präsident Luca di Montezemolo seinen Kopf forderten, war er nie bereit «goodbye» zu sagen.
Montezemolo ging Ende 2004 scharf mit Bernie ins Gericht: «Es kann nicht

Die alte Zeit an der Boxenmauer: v.l. Bernie Ecclestone, Brabham-Zeitnehmer Sante Ghedini, Helmut Zwickl, Teammanager Herbie Blash, Niki Lauda

sein, dass die Hauptakteure die Kontrolle über die Formel 1 verloren haben, eine einzige Person, Ecclestone, den Löwenanteil der Einnahmen kassiert und wir mit Peanuts abgespeist werden.»

Immerhin erreichten die Autowerke, die mittlerweile alle großen Teams eingesackt hatten, dass Bernie nach einem jahrelangen Krieg um Macht und Geld, in dem er trickste und taktierte, alles bis zur bitteren Neige ausreizte, dabei immer auf die Uneinigkeit seiner Gegner spekulierend, letztlich seine Kriegskasse öffnete. Er stellte seine Gegner ruhig, indem er ihnen zwar nicht die von 2008 bis 2012 geforderten 60% von allen Einnahmen zuteilte, sondern sie mit 50% köderte, die er ab 2006 auszahlte.

Die Stimmung schlug wieder pro-Bernie um: wer sonst als er, konnte die Gelddruckmaschine am Laufen halten. Zwischen 1999 und 2005 hatte er die Formel 1, also das kommerzielle Paket mit den TV-Verträgen, insgesamt in mehr oder weniger großen Anteilen sechsmal verkauft. Zuletzt im November 2005 an CVC Capital Partners.

Der Aufstieg vom Gebrauchtwagen Händler zum 3.4 Milliarden Dollar Mann ist ein Business-Krimi ohne Parallelen.

Sein Mega-Business Talent hat selbst im Alter von 77 Jahren kaum Rost angesetzt. Heute bewohnt er mit seiner serbokroatischen Gattin Slavica, die um 28 Jahre jünger und ein schönes Stück größer ist, den siebenstöckigen Kashoggi-Tower in London. In den unteren Etagen sind seine Büros etabliert. Die Ecclestones bewohnen oben am Dach ein Penthouse mit Swimmingpool. Gattin Slavica hat ihm zwei Töchter geschenkt, Tamara (Jahrgang 1984) und Petra (Jahrgang 1988). Zwanzig Jahre hatte Bernie mit seiner ersten Frau Tehuana zusammen gelebt, die aus Singapur stammte, aus dieser Ehe gibt es die Tochter Deborah.

Rennen lassen ihn völlig kalt. Nur das Business daran interessiert ihn.

Einst gab es in Brands Hatch beim Start eines Formel 3-Rennens eine Massenkarambolage. In der ersten Kurve türmen sich die Wracks übereinander, das Rennen wurde sofort abgebrochen. Plötzlich kam ein Mann mit blütenweißem Hemd und einen Aktenkoffer in der Hand daher, um den schnellsten Weg zum Verlassen der Rennbahn zu finden. Der Weg durch das Schlachtfeld der ersten Kurve erschien ihm als der kürzeste Weg. Fluchend aber ungerührt, ohne nach links und rechts zu schauen, watete er mit seinen Lackschuhen durch das von Öl und Sprit getränkte Trümmerfeld: auch das ist Bernie.

Er hasst Feiertage, besonders Weihnachten macht ihn rabiat, denn da findet er keine Business-Partner am Telefon.

Bereits 1986 hatte er einen Grand Prix in Moskau in Planung, «doch alles wurde dann zu schwierig» gab er zu, «ein ständiges Kommen und Gehen von Verhandlungspartnern, zuletzt starb unser wichtigster Mann, die Zentralfigur aller Planung.»

Bernie hatte bereits einen genialen Plan im Hinterkopf, wie seine Formel 1-Truppe aus dem Moskau-Grand Prix überhaupt zu ihrem Geld kommt. Das weltberühmte Bolschoi-Ballet sollte so lange im Westen auf Tournee gehen, bis jene Summe eingespielt war, die Moskau für seine Grand Prix-Packung zahlen hätte müssen...

Bernie als Manager und Inkassant des Bolschoi-Ballets, das wäre ein Festmahl für Karikaturisten gewesen.

Er ist Gesprächspartner von Regierungschefs, und er zögerte nicht die Formel 1 rechtzeitig aus dem alten Europa abzuziehen, um sie dorthin zu verkaufen, wo auch für die Autowerke die Post abgeht: nach China, Bahrein, in die Türkei und nach Abu Dhabi.
Nur wenige seiner Rechnungen gingen nicht auf. Die größte war sein Digitales Pay-TV, das er 1996 vorstellte. Der Aufwand war riesig, drei Fracht-Jumbos flogen das Equipment zu den Rennen, wo 300 Mitarbeiter jeweils ein fußballfeldgroßes Camp einrichteten, das abgesichert wurde wie Ford Knox, und die letzten Freiräume auf den Rennschauplätzen für sich beanspruchte. Aber nach vier Jahren hatten nur sieben Länder einen Pay-TV Vertrag mit Bernie abgeschlossen. Was dem Seher an Infos und zusätzlichen Kanälen geboten wurde, war den Mehrpreis nicht wert.
Bernie versuchte sogar die Zahl der on-board Kameras bei den normalen Grand Prix-Übertragungen zu reduzieren, um sein Bezahl-TV attraktiver zu machen. Doch jetzt erhoben auch die Autowerke ihre Stimmen, sie waren dagegen, dass die Formel 1 im Pay-TV «untergeht.»
Nachdem Bernie jahrelang einige hundert Millionen Pfund in den Sand gesetzt hatte, zog er seine Digitale TV-Armee ab.
Das war eine deutliche Niederlage, die ihm zugegebenermaßen gar nicht leicht fiel.
Aber das Siegen beim Dealen hat in seinem Leben Vorrang.
Einst schlenderte Bernie im feinsten Outfit in einen Hotel-Garten, wo sich das Formel 1-Volk am Swimmingpool suhlte. Colin Chapman bot Mario Andretti 1000 Dollar, wenn er Bernie in den Pool wirft. Mario trat auf Bernie zu und erklärte ihm die Wette.
Bernie cool: «Machen wir, 500 Dollar für mich.»

Dann ließ er sich von Andretti in den Pool werfen.

Helmut Zwickl

Coverillustration von Klaus Wagger

Der Autor: Helmut Zwickl

Unter 400 Formel 1 Reportern ist der Wiener Helmut Zwickl weltweit einer von Sechs, denen die FIA einen «Honorary Member» Pass auf Lebenszeit verliehen hat, nachdem er seit 1963 mehr als 560 Formel 1 Rennen als Berichterstatter besuchte: über drei Jahrzehnte lang für den Kurier, seit mehr als 25 Jahren für Motorsport aktuell. Er fuhr mit Jochen Rindt zu dessen ersten Rennen, mit Fangio um den Nürburgring, flog mit Niki Lauda im Cockpit über den Atlantik, er besitzt seit 36 Jahren den Pilotenschein und flog zweimal Überschall mit einem Kampf-Jet. Dreimal fuhr er die historische Mille Miglia, einmal mit Walter Röhrl, und in der Carrera Panamericana Mexico, dem letzten Straßenrennen der Welt, gewann er 2004 mit Wolfgang Stelzmüller zusammen die «Historica A-Kategorie» auf einem Volvo. Mit seinem Freund Michael Glöckner, der ihm jahrelang als Fotograph zu den Formel 1-Rennen begleitete, gründete er 1993 die «Ennstal-Classic», die heute zu den führenden Oldtimer-Events von Europa zählt.

Der Coverillustrator: Klaus Wagger

Klaus Wagger aus Bad Häring in Tirol, hat sich mit seinen technischen Illustrationen international einen Namen gemacht. Seine Gemälde und Kunstdrucke mit Szenen aus dem Automobilsport wurden gesuchte Kultobjekte. Auf Wunsch von Helmut Zwickl hat er das Cover entworfen und was kaum ein Foto ausdrücken hätte können, ist Klaus Wagger gelungen: er hat über alle Epochen hinweg vier Hauptdarsteller der «wilden Jahre» auf einem Bild vereint. Gilles Villeneuve auf dem Turbo-Ferrari des Jahres 1982, Jochen Rindt im Lotus 49 mit dem unseligen hohen Heckflügel anno 1969, den legendären Juan Manuel Fangio in seinem WM-Maserati von 1957, und Ayrton Senna in seinem McLaren-Honda Turbo der Saison 1988, auf dem er zum ersten Mal Weltmeister wurde.